ICF认证最高级别专业教练培训课程
《教练的艺术与科学》系列二

被赋能的高效对话

教练对话流程实操

[加] 玛丽莲·阿特金森 Marilyn Atkinson ◎著
蕾·切尔斯 Rae T Chois
杨 兰 ◎译

ART AND SCIENCE
OF COACHING:
STEP BY STEP

华夏出版社
HUAXIA PUBLISHING HOUSE

图书在版编目（CIP）数据

被赋能的高效对话：教练对话流程实操 /（加）玛丽莲·阿特金森 (Marilyn Atkinson),（加）蕾·切尔斯 (Rae Chois) 著；杨兰译. —北京：华夏出版社，2019.6（2025.3 重印）

书名原文：Art and Science of Coaching:Step by Step

ISBN 978-7-5080-9759-6

Ⅰ.①被… Ⅱ.①玛… ②蕾… ③杨… Ⅲ.①教练员-语言艺术 Ⅳ.①G811.34

中国版本图书馆 CIP 数据核字(2019)第 088690 号

Art and Science of Coaching:Step By Step by Marilyn Wendy Atkinson.
Copyright © 2007 by Exalon Publishing,LTD
No portion of this book may be reproduced,by any process or technique,without the express written consent of the publisher.
Simplified Chinese translation copyright © 2015 by Huaxia Publishing House.

ALL RIGHTS RESERVED

版权所有 翻印必究

北京市版权局著作权合同登记号：图字 01-2014-5280 号

被赋能的高效对话：教练对话流程实操

作　　者	［加］玛丽莲·阿特金森　［加］蕾·切尔斯
译　　者	杨　兰
策划编辑	朱　悦
责任编辑	马　颖
出版发行	华夏出版社有限公司
经　　销	新华书店
印　　刷	三河市万龙印装有限公司
装　　订	三河市万龙印装有限公司
版　　次	2019 年 6 月北京第 1 版　2025 年 3 月北京第 9 次印刷
开　　本	710×1000　1/16 开
印　　张	15.25
字　　数	223 千字
定　　价	59.80 元

华夏出版社有限公司　地址：北京市东直门外香河园北里 4 号　邮编：100028
网址：www.hxph.com.cn　电话：(010) 64663331（转）
若发现本版图书有印装质量问题，请与我社营销中心联系调换。

谨以此书，向米尔顿·埃里克森①的精神致敬。他对探究的热情，以及对人们能力的发自真心的赞赏启迪了我，使我受益终身。

玛丽莲·阿特金森博士

---

① 米尔顿·埃里克森（Dr.Milton Hyland Erickson），医疗催眠、家庭治疗及短期策略心理治疗的顶尖权威，被称为"现代催眠之父"。因他在潜意识操作的研究及实务成就极具开创性，又被誉为到目前为止世界上最伟大的沟通者，心理学学者尊称他为20世纪的首席心理治疗师。埃里克森的贡献在于治疗实务，他所研发的治疗方法已在全球被广泛应用，并公认对许多高效的心理治疗法有着重大的影响，这包括：短期策略心理治疗、家庭系统治疗、策略性家庭治疗、方案焦点治疗及神经语言程式学（NLP）等多项主流治疗系统。——编者注

前言	001
致谢	001
中文版新序	001
导　读	001
本书的目的	001
你可以从本书中获得的收益	003
第一章　关系始于亲和的建立	**001**
亲和力与转化式对话	004
人们喜欢跟自己相似的人	005
找到共同点，拿到成果	006
通向成果的重要的"R"技巧	007
加深关系：共同的兴趣和价值观	008
有效沟通的四种工具	010
工具一：语言柔顺剂	010
工具二：回放的精致艺术	012
工具三：提前说明目的	013
工具四：进入教练位置的广阔空间	013
亲和力平衡轮练习	016
第二章　强有力聆听之"声"	**019**
用价值观聆听，聆听价值观	021
为聆听加上封套	023

你的聆听通常在哪个层次？ 023
第一层次聆听：个人化、自动化聆听 024
第二层次聆听：关闭评判，聚焦，支持 026
聆听人们的能力，唤醒内在的资源 027
第三层次聆听：全方位、相关联、结构化聆听 029
"大耳朵"练习 031

第三章 提问 vs 告知：无建议地带 033

丢掉"俄罗斯"广播，打开即刻"接收器" 035
问题：通向自我发现和技能发现的康庄大道 036
负责一个项目：自我评估的过程 038
重要的区分：如何与为什么 039
聚焦未来：为什么重要 040
无须告知的头脑风暴：中国菜单法 042
  教练案例 043
强有力问题举例：用度量式问题创造动能 043
度量式问题的种类 044
  行动步骤 044
  承诺度（决心/投入度） 045
  自信 045
  对结果的有效性 045
  动力 046
  满意度 046
把度量用于实践 047
  舒适度 047
  满足感 047
  里程碑 048
  优先要务排序 048

	风险	048
	"亲爱的艾比"米尔顿·埃里克森练习	048

第四章 打开水龙头：开放式问题的魔力　053

好问题的性质　056

开放式问题的力量　057

开放式问题与封闭式问题　057

开放式问题的语调　058

打开：发现选择　059

使开放式问题更加开放　060

"开放式问题线"练习　064

从教练位置提强有力的问题　067

第五章 具有转化力的秘密语调　069

使用教练的声音，最大化影响力　073

培养一系列语调　073

开放式语调1：魔法师的语调　074

  练习的短语　074

开放式语调2：真朋友的语调　075

  练习的短语　076

开放式语调3：智慧长者的语调　077

  练习的短语　077

练习：培养一系列开放式的语调　078

封闭式语调：战士的语调　079

断言功能：战士的语调　079

  例句　080

"我爱你"练习：声音的实践　082

第六章 框架和承诺的力量 085

什么是框架？什么是换框？ 087
成果思维 089
为问题找到优雅的解决方案 090
让转化式对话如此不同的关键技巧 093
成果练习 094

第七章 合约：设定对话焦点 097

合约的力量 101
合约设定了有力的教练对话的意愿和注意力 101
用合约问题来设定焦点 102
从抽象到具体：从 50000 英尺的合约到 50 英尺
的合约 104
有效合约要考虑的方面 105
聆听创造者、被动反应者和访问者 106
访问者 107
被动反应者 108
创造者 109
好合约的五条标准 109
觉察抱怨模式 110

第八章 教练中的四个基本问题 113

全部意愿的力量，带我们领略完整的价值 116
个人伸展范围练习 117
对话之"流"：流动模型 117
问题即答案 118
支持项目开展的四个投入度（Engaging）问题 119
问题 1：你想要什么？ 120

问题 2：你如何得到 　　　　　　　　　　　　121

问题 3：你如何加深承诺？ 　　　　　　　　　122

I.A.M 公式 　　　　　　　　　　　　　　　124

　　意愿 + 注意力 = 精通的示现

　　（Intention + Attention= Masterful Manifestation） 124

问题 4：如何知道自己已经得到了？ 　　　　125

第九章　设计梦想：成果框架　　　　　127

成果框架是什么 　　　　　　　　　　　　130

正面陈述 　　　　　　　　　　　　　　　131

在当事人可控范围内 　　　　　　　　　　133

练习：双清单法 　　　　　　　　　　　　134

这个目标符合 SMART 原则吗 　　　　　　135

这个目标是整体平衡的吗？ 　　　　　　　137

开发未来的有价值的方法 　　　　　　　　138

抽离和投入的体验 　　　　　　　　　　　138

教练的关键点 　　　　　　　　　　　　　140

第十章　逻辑层次的内在协调　　　　　145

逻辑层次问题中的价值观设计形式 　　　　147

成功处方中的逻辑错位 　　　　　　　　　148

思维的逻辑层次 　　　　　　　　　　　　149

用于转化式对话中的问题：自上而下的逻辑层次

　　模式 　　　　　　　　　　　　　　　150

逻辑层次如何起作用 　　　　　　　　　　152

核心的"为什么"问题：诚信的组织 　　　　153

使用逻辑层次的好处 　　　　　　　　　　154

使用逻辑层次：对教练的好处 　　　　　　156

　　　　　　　逻辑层次和组织层级　　　　　　　　　　157
　　　　　　　逻辑层次：焦点和成果的总结　　　　　　158
　　　　　　　行为和身份的混淆　　　　　　　　　　　160
　　　　　　　使用逻辑层次和成果框架的教练对话　　161
　　　　　　　逻辑层次教练工作表　　　　　　　　　163
　　　　　　　声音练习：结构化聆听　　　　　　　　164

第十一章　**奇异恩典：采取行动，完成对话　167**
　　　　　　　采取行动的语言　　　　　　　　　　　172
　　　　　　　完整的约谈进程：从开放到封闭　　　　173
　　　　　　　行动语言的语气，对话的转折　　　　　174
　　　　　　　追切行动的语言　　　　　　　　　　　175
　　　　　　　如果行动计划延迟的备选方法　　　　　177
　　　　　　　接近尾声：时间和地点　　　　　　　　178
　　　　　　　最后的足迹：总结对话的价值　　　　　179
　　　　　　　教练的最后嘉许　　　　　　　　　　　180
　　　　　　　练习：逻辑层次的嘉许　　　　　　　　181
　　　　　　　练习　　　　　　　　　　　　　　　　182

第十二章　**自我检视的沟通者　　　　　　　　187**
　　　　　　　自信的实质：与自己的愿景和使命保持一致　191
　　　　　　　人的复杂性，以及动力的产生　　　　　193
　　　　　　　被唤醒的觉察，自我认知和聆听　　　　194
　　　　　　　超越偏好：允许的好处　　　　　　　　194
　　　　　　　长期的技能提升　　　　　　　　　　　195
　　　　　　　与愿景协调一致：叠加式语言的使用　　196
　　　　　　　一图胜千言　　　　　　　　　　　　　197
　　　　　　　整合内在处理过程的科学　　　　　　　198

第十三章 **使用成果导向教练方法的转化式对话概览** 201
  教练约谈工具卡 203
  教练约谈示例一 206
  教练约谈示例二 210

写在文后的话 219

前言

亲爱的读者朋友们：

我非常高兴能为中文版的《被赋能的高效对话——对话流程实操》写下前言。

这一系列的教练书，自2009年出版以来，已经得到全世界教练们的广泛使用。目前，这一书系已经被翻译为8种语言并出版发行，来自全世界45个国家的成千上万的读者都在购买和阅读它们。

在这《教练的艺术与科学》①书系的第二本书中，你会找到许多案例和练习，帮助你快速成为一名优秀的教练；在这本书里，你会读到对重要教练流的每个步骤的描述；在这本书中，你会读到教练约谈的案例，它为你展示出教练对话的全貌，还有在什么时间，什么场合，如何运用一系列重要的对话方法及细节。在你发展自己的技能和教练方向时，使用这本书来启发你未来的成长吧！

目前，在中国的多个主要城市中，你都可以找到《教练的艺术与科学》的课程，加入我们的学习团队吧。关注我们的课堂，你会发现，那里有更加综合和深入的教导，以支持你成为一名优秀的认证专业教练。

对你的教练之旅，致以诚挚的祝福！

玛丽莲·阿特金森博士
（Marilyn Atkinson, Ph. D）
埃里克森国际教练学院院长
专业的成果导向教练
认证NLP大师级培训师
著名心理学家

---

① 《教练的艺术与科学》书系共有三本。《唤醒沉睡的天才——教练的内在动力》是该系列丛书的第一本。由华夏出版社出版的《被赋能的高效对话——教练对话流程实操》是该系列的第二本。本系列的第三本《流动》（暂定名）（Flow）中文简体版即将面世。——编者注

致谢

每个强大的创造都需要成年累月的投入，而其背后往往有一个强有力的团队。《教练的艺术与科学》书系一套三本，历时两年完成。这期间，我们两个人全心投入，身处各种教练培训课程、客户和其他人类发展项目之中，游走于四大洲之间。这些书里凝聚了团队的努力，以及我和蕾·切尔斯在跨越多个国家授课和教练过程中的诚挚对话。

在两年的努力中，支持的团队不仅帮我们保持热情和亢奋，也在编辑工作方面提出了关键性的建议。完成这三本书需要一个真正有奉献精神的团队。蕾·切尔斯，写出了《教练的艺术与科学》书系的成形草案以及最初的提纲。在每个阶段的时间安排和进度上，她都给我这个主要作者以挑战。同时，她也不断地在增强自己在撰写、整理内容和编辑方面的能力。跟蕾一起工作是一段有趣的冒险，我们一起把非常棒的概念融进书中。这让本书系中的许多原创的方法有了各自的起源。还要特别感谢罗伯特·迪尔茨（Robert Dilts），他的逻辑层次模型为我们的书增益良多。

一些教练和作者是本书最早的编辑加读者。感谢Ann Hazelquist、Cheryl Hughes、Bonnie Beriault、Lisa Hepner、Cari Beckett、Larrye Heyl 和 Heather Parks。他们提出了有益的改进意见，以及很棒的读者建议。一些培训师，如温哥华的Richard Hyams，莫斯科的Benjamin Schulman，叶卡捷琳堡的Stanislav Grindberg，提供了练习案例和有意思的想法。还要感谢我丈夫和蕾的丈夫（Lawrence McGinnis和Antheny Chois），他们付出了大量时间，耐心地检查问题，与我们谈论书中的要素，并且帮我们编辑，使这项工作得以顺利进行。蕾的两个孩子Isaieh和Joe，在很长时间里，也慷慨地舍弃和妈妈相处的时间。谢谢切尔斯家的孩子们！

来自世界各地的教练们，在每个阶段，都充满热情地支持我们。包括俄罗斯的Anna Lebedeva，Maxim Oshurkov和Sveta Chumakova，乌克兰的Ekaterina Druzhinina，土耳其的EserBuyukaydin和Zerrin Baser。他们对三本书都下了功夫，很快翻译出了俄语版本和土耳其版本，另外两种语言的译本也就要出版了。

这里还要感谢所有出色的培训师和教练导师，他们一直支持我们发展出埃里克森的ICF认证教练培训课程（ACTP）《教练的艺术与科学》。感谢（不限于他们）Richard Hyams、Lori-anne Demers、Thomi Glover、Tony Husted、Kathy McKenzie、Jan Georg Kristiansen、Hanna Sedel、Anna Lebedeva、Maxim Oshurkov、Sveta Chumakova、Katya Maximova、Raisa Belousova、Sergei Kapitsa、Janet Soyak、Eser Buyukaydin、Zerrin Baser、Svetlana Popova、Stanislav Grindberg、Teresia LaRocque、Linda Hanmilton、Jiri Kunkar以及Barry Switnicki。

感谢编辑、出版社、文字编辑和文字输入团队，其中有：Kazim Sari、Teoman Akben和Laura Poole，还有Beverley Handren和Carol Dale将草稿排序，使书的结构清晰，并使得工作能够推进。Elif Berna Kutluata非常用心地编辑土耳其语版，Kathleen O'Brien将其出版。Fiona Nicholson和Vanessa Husted设计了每本书里的图表和图片。

当然，我还要感谢所有埃里克森的工作人员，以及来自全球各国的培训师。你们的努力让书中的思想能够抵达这么多人的头脑和心灵中。

如何能够真正地对这样一个团队表达感谢呢？只有将这成果变成一座里程碑，才能成为对他们所花费的时间、精力和承诺的最好庆祝。

为你们的支持，我献上所有的祝福和诚挚的感谢！

玛丽莲·阿特金森

2007年11月

中文版新序

文如其人
——汇集智慧、优美、与实用的教练要典

自从几年前"偶遇"教练这个行业,我很快就认定,这将是我的事业。从此学习不辍,当接触到玛丽莲老师的课程时,我已经完成了几个教练体系的学习,对教练理论、工具已有了相当程度的了解和实践;但玛丽莲老师的课给了我另一番享受,她的课程恰如其名:教练的艺术与科学——艺术之美与科学之严谨的优美结合;而其人,则是集智慧、优雅的魅力体,既有大师的博学精深、又有教师的细致严谨,她总是随时关注到每个学员的状态,务求将讲述的要义精髓直达每个学员的心里。

这本《被赋能的高效对话——教练对话流程实操》,是玛丽莲老师为中文读者呈现的又一本经典,文如其人:汇集了智慧、优美、与实用,我将其列入我的常读要典书单。我相信初学或有经验的教练都会从中受益。

教练的书籍不少,我家书架就已有几十本了,可以说每本都会讲流程、工具、以及案例。而这本书更具有独特的激发力,我在阅读中多次碰到了那个神奇的"啊哈"时刻,在原以为已经懂透了的内容处油然生出新的理解,恰似踽踽长途中,转角处霍然展现的胜景。可谓胜景连连、渐入胜境。

玛丽莲老师是视觉大师,善用隐喻,在她的课上,我最喜爱她每天课程最后讲的一个故事,年过七旬的优雅女士,随着故事的情节即时转换着多种角色,静如处子、动如脱兔,令听者为之神迷倾倒、且长久地回味其中隽永。而在这本书中,玛丽莲老师竟然仅靠文字也能表现出如此魅力,在本书多个章节中,都有埃里克森与玛丽莲老师亲身经历的故事，它们是我个人最喜爱的部分，不同于流行的"鸡汤"，它们的力量来自于真实，当然还有玛丽莲老师的妙笔，它们都留有思索的空间、容读者去吸取各自所感、所需的养分。

虽然这本书"只包含了埃里克森学院开设的《教练的艺术与科学》课程中大约10%的工具"，但这些工具在这本书里"活"了，更加实用、更加好用，而"从50000英尺到50英尺"的不同层次的对话场景，以及相应的提问设计，能够更好地带领教练们去"纵览思维的高山与低谷"。"实践是学习教练的最佳途径"，这本书，提供了实践路径的步步阶梯。

能为玛丽莲老师的中文版新书作序，是我的荣幸！班门不敢弄斧，只从个人阅读的感触稍作分享。君若开卷，必有益、必有阅读的喜悦。

吴士宏
企业家 / CEO 教练
2015 年 6 月

导读

本书的目的

我——玛丽莲·阿特金森，作为埃里克森学院的创始人和院长，骄傲地为您呈现《教练的艺术与科学》书系的第二本《被赋能的高效对话：教练对话流程实操》。在这本备受期待的书中，我们对有效的教练对话及转化式沟通当中"做什么"和"怎么做"的问题做了细化和澄清。

书系的第一本《唤醒沉睡的天才：教练的内在动力》，为教练提供了有力的框架和极好的思维方法，将教练作为人类发展的载体。该书中的一些练习和流程，可以帮助21世纪的人们更好地理解教练的力量。它展示了"思维-大脑"的使用方法，以及心脑一致的整体思维的本质（这样我们就可以应用教练，来打造这种一致性）。该书也揭示了任何项目的四个关键步骤，以及在每一步去超越小鬼思维的关键跳板。第一本书中还介绍了一些有力的学习地图，如四象限的菱形图，来帮助大家理解教练的愿景和目标的宏观组成部分。

第二本书中讲述到了教练技能发展的实践方法——教练之箭，这支箭是一个隐喻，它清晰并细化了有效的教练对话。第一本书中的四象限菱形图标示了教练中的宏观部分。与此相似，本书会帮助读者细化并有序排列有效教练对话的微观部分。跟随本书中教练之箭的步骤及方向，读者会知道有效教练对话是如何展开的。有了菱形图和教练之箭的帮助，教练们就大致知道如何在对话中展开有效的下一步了。

不过，即使本书详细描写了教练之箭，也只是对教练对话的基本结构的介绍。因为人们受到激励的方式是奇妙而独特的，所以每位教练对话都是独一无二的。好的成果导向，教练会结合使用教练流程和教练工具。教练流程（process）是由对意识的研究而来，为人们能力的发展开出了转化式的处方；而教练工具（tools）则是循序渐进的提问框架，支持人们迅速抵达重要的选择或发现的核心。这本书聚焦于第二个领域，即有效教练的提问法和成果导向的教练工具。（中文简体版即将问世的第三本，是关于教练流程的。）

教练工具是教练之中令人着迷的一个领域，这些工具可以直接带我们进入思维过程的核心。我们将要进入的是问题的功能设计领域。提问看起来简单，其应用的范围却出奇的广泛。提问能够带我们去纵览思维中的高山和深谷，帮我们区分5万英尺高的对话和50英尺高的对话。人们的反应模式有许多种，因而本书只能让你浅尝到应用教练的威力。事实上，书本只包含着埃里克森学院开设的"教练的艺术与科学"培训课程中大约10%的教练工具。

即使只有10%的内容，也需要各式各样的案例，以涵盖教练的各个方面，让大家有机会真正掌握教练方法。本书中也包含了视觉化的地图，以及真实教练约谈的声音记录。通过对教练之箭的详细分解和连接，我们很高兴能够在细节层面支持到读者们。

通过呈现这些实践方法和练习，以及对话的案例，我们的主要目的是激发读者在日常生活中去探索、实践教练。本书介绍了转化式对话的关键特征，以使你能够纵观其全局，同时也能在生活各方面都品尝和感受到其要素。需要注意的是：许多读者阅读本书后，就被彻底激发起来，去参加最近的"教练的艺术与科学"现场课程去了。一旦触及教练的核心，人们就会意识到：实践是学习教练的更有效的途径，而阅读或谈论不是。

通过展示循序渐进的练习，我们的第二个目的是为读者呈现一段互动式的旅程，让你了解所有那些带来变革的发现之中，其基本要素之间的联系。参与到这些独自或者两人一起做的练习中来，你就开始为当今最为盛行、最为有力的沟通方法和人际关系理论打下基础。在使用这些工具进行教练的同时，你的生活会由内而外地变得更加丰富。

读完本书后，你会明白自己已经走完了第一步，打下了坚实的教练基础。

我们所有的埃里克森同仁，以及以往的毕业生都认为，这些技能是生命中最重要的能力之一。实际上，我们相信这些沟通的技巧能够使参与者真正理解什么是整体的改变。由此，我们就真的能够用一次一次的对话，改变世界。

你可以从本书中获得的收益

我们鼓励你用以下方式，从本书中获得最大收益：

1. **试用书中的教练练习和教练方法**。埃里克森学院的教练方法论和教练系统已经被我们的毕业生熟知，人们认为这套系统非常有力量，能够带来变革。因此，我们鼓励你完成本书中的教练练习和教练方法。

2. **自己去验证书中的概念，不要轻信！** 探索这些工具，去实践，这样你才能把它们整合到自己的生活中。你会发现自己正在迅速朝着非常满意的、成功的生活前进。换句话说，就是不要盲目轻信书中的话，要去验证这些概念和练习。自己去证实！如果有可能，我们也鼓励你找一名埃里克森培养的教练来教练你，因为我们曾经培训他们使用这些工具，以及其他更多的工具。

3. **初学者的心态**。在阅读本书的过程中保持初学者的心态。就像一名好奇的科学家那样读每一章节，用一种新的、充满意义的眼光来看生活。带着全部的自己，包括所有过去经历过的学习、洞察和挫折等等——投入到每一章节。注意并认可自己已经完成的每个发展阶段，你会得到回报。洞察力和对自我的发现会让你走到下一个步骤。

4. **享受学习的每个阶段**。要学到任何东西，我们都要踏实地走过四个步骤。练习本书中的转化式对话，其体验也是一样的。你将会思考并构建想法，计划并创造性地去提问，用与以往非常不同的方式去思考。花点时间来计划自己的每一步，走过以下四个步骤，用本书中描述的高级技巧来发展你的能力。

■ 第一阶段：无意识的无能力

无意识的无能力阶段，指的是你并没有意识到自己不会做一些事情。

在这个阶段，第一次练习的时候，你会意识到"我不知道自己不知道怎么做"。

■ 第二阶段：有意识的无能力

在有意识的无能力阶段，你开始练习想学会的新技能，但是认识到自己并不熟练。对大多数人来说，这个阶段充满挑战，因为很难不犯错误就学会。在这个阶段，许多人会遇到真正的阻力，让许多建立目标的人止步不前。当然，这个阶段，你也会很快地掌握大量的信息。

■ 第三阶段：有意识的有能力

在有意识的有能力阶段，你会开始发展自己的技能，但是尚未整合起来，不能一直保持，也没有形成习惯。这个阶段仍然需要你聚精会神。逐步地，你会发现自己能够做到了，而且技能水平和自信心也会提升。

■ 第四阶段：无意识的有能力

在无意识的有能力阶段，这些技能，这种新的建立关系的方法会成为你自觉的习惯。你变得很自然、很容易地展示出这些新的技能，以及新的生活状态，与此同时，你的意识脑也可以专注于其他的事情。就像司机娴熟地驾车开往目的地的同时，也能够跟人聊天，或做当日的计划。

> "我已经知道了"这个想法会让我们停止学习新东西。

> 教练是关于真正了解我们自己和他人的学问。成果导向的教练练习会让你更深地觉察到人类发展的那些微妙之处。去品味教练，就像是品尝他人生命的葡萄园里那最芬芳的美酒。

大多数人都认为无意识的有能力是大师的精通阶段，但是想一想，真正的大师并不会认为自己是大师。真正的大师会保持初学者的心态，他们致力于去觉察那些"不知道自己不知道"的事情（无意识的无能力），他们希望能够学习更多，更深入研究自己的课题。事实上，"我已经知道了"这个想法会让我们停止学习新东西。大师般的精通需要你聚焦于生命中一个核心的部分，这会加速你的成长和发展,让你绽放出生命的光彩。

  5. **花时间慢慢品味书中的练习,真诚地邀请他人参与**。教练是关于真正了解我们自己和他人的学问。成果导向的教练练习会让你更深地觉察到人类发展的那些微妙之处。去品味教练,就像是品尝他人生命的葡萄园里那最芬芳的美酒。

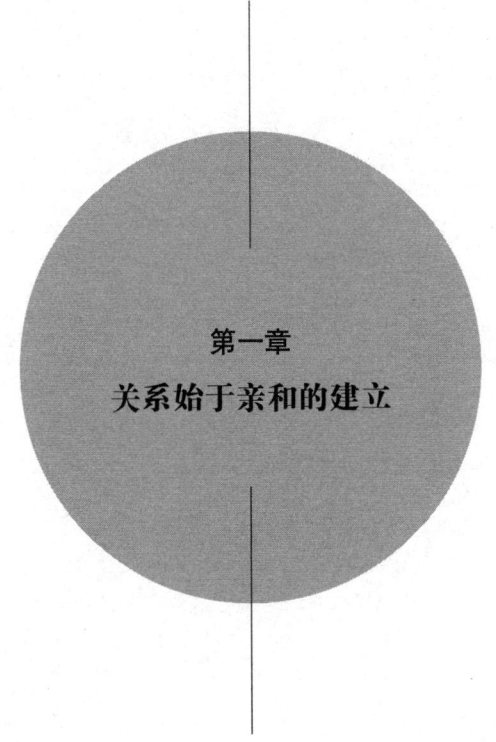

第一章
关系始于亲和的建立

我努力发现向同伴发出信号的方法……然后适时说些简单的话语,就像同谋者之间的暗语一样。让我们联合起来,紧紧拥抱彼此,让我们心与心相连,共用一个大脑、一颗心脏。

——尼可斯·卡赞扎基斯(希腊著名作家)

"能跳个舞吗?"

——《国王与我》,百老汇歌剧

🐦 建立亲和关系就是愿意去理解或体验另一个人对世界的看法，就好像你就是那个人一样。如果你要了解另一个人知道些什么，体验他（她）体验过的东西，想着他（她）想要的东西，你将很自然地进入到这个人的身体和语调的习惯之中，获得他们的世界观。

米尔顿和乔治的"沙拉语"

米尔顿·埃里克森年轻时是精神科医生,在精神病院工作。他曾描述过自己和一位名叫乔治的病人之间的互动。乔治说话就像"沙拉语",这是一种混合着各种短语、名词和动词,毫无章法的语言。米尔顿上班的第一天就见到了乔治。当时他负责纽约州伍斯特州立精神病院后部的病房。那是20世纪20年代后半期,乔治是五年前被人从僻静的街道捡回来的,当时他在毫无目的地四处游荡。没人知道他的姓,也不知道他的任何背景,因为他只是说些沙拉语,只有他的名字"乔治"作为识别。

米尔顿第一次见到乔治时吃了一惊。他巡视病房时,正无精打采坐在长凳上的乔治突然跳起来,向米尔顿跑来,用激动万分的语调说了长达两分钟的"沙拉语"。护士们解释说他只有在新面孔走进病房的时候才会说这么多。

米尔顿饶有兴味地听着,然后又叫来女秘书一起听。他的秘书擅长速记。在米尔顿第二次听乔治讲话时,秘书记下乔治的"话"。之后米尔顿花了数周时间研究出自己的"沙拉语",秘密练习。他有了一个目标,为了实现,他需要投入其中,勤加练习。

终于,米尔顿准备好了,他又走进了乔治的病房。乔治跳起来走上前,用兴奋的沙拉语说了三句话。米尔顿用同样充满热情的三个由沙拉语组成的句子来回应。乔治看起来惊呆了,他走到长凳前面,坐下,好奇地看着米尔顿。米尔顿也坐下来,等着。

经过10分钟的思考,乔治站了起来,在米尔顿旁边抑扬顿挫地用沙拉语说了起来,配合着米尔顿刚才讲话语调的高低起伏。听上去是成系统的,就好像他在讲一个很有条理的故事,他足足说了10分钟。

讲完后乔治坐了下来。于是米尔顿站起来,用系统的、理性的沙拉语抑扬顿挫地配合着乔治,说了10分钟,然后也在长凳上坐下来。

15分钟后,新的一轮开始了:乔治站起来,这次他说话时用了很多手势,声音充满了激情,用沙拉语足足说了半个小时。听起来他是在告诉米尔顿他对生活的真正感受。因为加入了自己的感受,乔治的沙拉语时而伤感、时而愤怒、时而兴奋。米尔顿仔细地聆听着乔治所有的表达,轮到自己的时候,他说了同样长的时间。就像交响乐团重演一样,米尔顿在声音中加入了乔治的所有情绪。说完以后,米尔顿坐下了。这时,平静地坐在长凳上的乔治睁大眼睛,使劲点头。米尔顿能够察觉到乔治已经被打动,而且放松下来。至此,他们建立了有效的亲和感。

"好好说话,医生。"乔治说。

"我会的,"米尔顿回答,"告诉我,你姓什么?"

乔治说了两句沙拉语,然后说了他的姓。米尔顿也回之以两句沙拉语,然后问:"你从哪来?"

不到半个小时,米尔顿就搞清楚了乔治的故事。接下来的几个月,乔治变了个样。刚开始他只跟米尔顿说话,逐渐地,在接下来的几个星期、几个月中,他跟其他人的交流也越来越能被理解了。他开始用合理的方式讲话,并为护士们帮一些小忙。很快,他就开始在病房外面的场地工作了。

米尔顿了解到乔治的家人都去世了,留了个小农场给他。大约在米尔顿跟他谈话的11个月之后,乔治就能够回农场了。他在那里度过了余生。40年里,乔治保持着和米尔顿的联系,每年一张明信片。信的内容好像密码一样:"今冬谷仓加盖了新屋顶。"或者"15只小羊羔长得都很好。"然后签上名字:乔治,最后用两句沙拉语结尾,完成整张明信片。

亲和力与转化式对话

转化式对话是一种谈话方式,这种方式可以使你自己和他人成为身心一致、目标明确的人。这种对话,让人们能够从内在的真实出发去表达自己,去安排生活，同时也能够支持他人这样做。而亲和关系，是所有转化式对话的核心所在。

"Rappoarte"这个词来自希腊语，意思是：将某人自身的体验带回给他们。米尔顿和乔治的故事就是有效亲和的好例子。

人们喜欢跟自己相似的人

建立亲和关系就是愿意去理解或体验另一个人对世界的看法，就好像你就是那个人一样。如果你要了解另一个人知道些什么，体验他（她）体验过的东西，想着他（她）想要的东西，你将很自然地进入到这个人的身体和语调的习惯之中，获得他们的世界观。完全站在他人的立场上看问题是不太可能的，而强有力的沟通者建立亲和感的方式，是通过理解和尊重对方的世界模式来做到的。关键在于，我们要找到双方共同的东西，认可对方，进而通过提问有力的问题，和带着好奇与尊重的聆听，来达成效果。

深层的思想要先寻求理解，然后才能在对话中发挥出它的智慧。与他人建立亲和关系，即走进他们的世界，就是最容易、最快速地与深层思想交流的方法。

人类的情绪脑喜欢同一性。跟与自己相似的人在一起时，情绪脑会感到安全和舒适，那些人会被看作是自己部落或家族的成员。在谈话中使用基本的亲和技巧，你就能使对方的情绪脑放松下来，内心愿意为转化式的对话而敞开。这就意味着你同此人建立了共同的价值感，由此，对方就会与你建立起关系。

离开亲和关系，教练对话不可能有效果。一个人必须在感到安全和被理解的情况下，才能对深层思想开放。我们跟我们珍视的人在一起的时候才能够有转化式的对话。

找到共同点，拿到成果

通过努力地聆听、了解和沟通，就能加深对他人世界的理解，仿佛你就是那个人。你"是"那个人的程度越高，就越能了解并尊重对方的世界。亲和关系越好，对方就越感到被尊重、被理解。所有这些都意味着转化式对话发生概率的增大。

我们能使用行为和声调的匹配，来建立很强的身体的亲和感。行为匹配就是采用他人的一部分行为方式。比如，在一对一对话中，我们可以采取与对方相同的坐姿，当对方大幅度改变姿势时，你要慢慢地、大方地跟随。当对方坐得笔直，你也要坐直，来感受他们内在的状态。这是一种尊重的表示，能够释放我们真正聆听他人的能力。

亲和是优雅的舞蹈。重要的一点是，建立亲和关系不是照搬或模仿对方的动作。如果对方感觉到你在模仿，会觉得你在嘲笑他，这就彻底破坏了亲和。当我们轻轻地追随对方的动作，加入到这场分享他们体验世界的优雅舞蹈中，亲和就开始建立了。"跟对方相似"就是分享体验的门径。

和别人一起徒步旅行时，你的速度和他们相同，而不是很快或很慢的话，他们就会感到非常舒服。为了建立亲和，要对对方的走路模式进行响应，你要跟对方保持同样的步速。你不必跟对方走得一模一样，但是当你们步速一致时，就会产生放松感和伙伴的感觉，这些感觉会导向卓有成效的交流。对方会感到更加舒服，逐渐地，一种共同的意义和共同价值的"流动"开始在你们中间产生。这时你再邀请对方加快或者改变速度，就会更容易得到同意。

同步是获得亲和的渐进过程。就像在

> 一起徒步旅行时，你的速度和他们相同，而不是很快或很慢的话，他们就会感到非常舒服。为了建立亲和，要对对方的走路模式进行响应，当你们步速一致时，就会产生放松感和伙伴的感觉，这些感觉会导向卓有成效的交流。

走路时调整步伐以配合他人的行进速度一样，建立亲和就是你跟对方同步。"同步"（Pace）这个词，拉丁文的意思是"与……同在平静之中"。当亲和关系建立起来，并逐渐增强时，你就有机会用有效的问题来引导对方了。如果你们之间有足够的亲和感，在你轻轻放松下来时，对方也会自然地跟你一起放松下来。这是非常有效的方法，借助这个方法你能够引导一个人从无力状态中走出来，进入更有资源的状态。

情绪跟随着身体，就像身体状态引导着情绪一样。二者的关系就像先有鸡还是先有蛋的古老问题一样——哪一个在前？通过建立亲和，引导他人使用新的表达方式，你就获得了帮助对方的机会，让他们接近那些富于能量的情绪、资源和心理状态。

下面有个建立亲和关系的练习。练习配合另一个人的呼吸，直到你感觉到对方的节奏。如果这个人看起来非常抽离或者不投入，你可以开始慢慢地加深呼吸，同时留意对方是不是也开始加深呼吸。通常他们会的，对方会下意识地回应你。这种方法能加深彼此间的连接，也能帮助这个人触及自己深层的觉知。如果你放松下来，对方也会放松。即使无法察觉到你究竟做了什么，对方也会在放松之后特别地感激你。

通向成果的重要的"R"技巧

在建立亲和的过程中，我们建立了相互间的关系，加深了彼此的尊重，这时就能察觉到成果的出现。充满尊重的聆听当中，极其重要的一点是匹配音调和语速的过程。教练对话中，音调和语速的匹配在开始几分钟非常有用，能够"穿上对方的鞋子"，就像你可以暂时成为他们。聆听对方的音调、语速和音量，进入他们表达的状态。就像录音机一样，你要去匹配对方的语速和节奏。像米尔顿对待乔治一样，尽可能细致地留意表达中的变化，并反映给对方。

语调对人类非常重要。想想你不那么尊敬的一些人，听他们说话时，你可能会注意到他们的声音跟自己的一点儿也不像。通常你们在音调、语速、音量上会有明显的不同。现在就尝试一下，（凭着回忆）聆听，留意这些不同，做出回应。我记起一个说话很快的纽约人，他觉得许多说话慢的人是故意对他不礼貌。事实上，他在聆听他人时很狭隘，是通过他自己行业中的专业化模式来聆听的。人们很轻易就会下判断，认为那些与自己音调、方言、语速或者词汇不同的人是粗鲁的。

当你想跟他人建立连接时，问自己："这个人会最专注于哪种感觉信息的渠道（是看、听还是感受）呢？他们倾向于注意什么呢？"你可以留意一下他们描述自己的内在世界时使用的词语。他们是否倾向于说："我感觉"、"我看到"，或者是"我告诉我自己"？聆听的时候，将自己转移到"他们的模式"中，无论这模式是感觉、听觉或者是视觉。同时带上一些对他们体验的描述。这样，你就将自己调到了对方的特别频道上。你匹配了对方价值观的表达，用他们最喜欢的方式去进行对话。例如："你看到我的意思，听到我说什么，或感觉到这个可能有用了吗？"

加深关系：共同的兴趣和价值观

我们通常会在彼此身上寻找共同的东西，来与他人建立很深的连接。想象你遇见一个陌生人，当你在寻找共同点的时候，谈话可能会向多个方向前进。作为转化式的沟通者，你可以寻找跟对方在技能和兴趣上的共同之处，来建立一种相同的感觉。亲和可以建立在共同兴趣的基础上。这个人与你有没有共同的技能或者兴趣呢？

最强的亲和感建立在尊重和理解对方核心价值观的基础上。价值观词汇是人们用来描述对自己真正重要的领域的词，当我们花时间真正聆听，注意对方的价值观词汇，把这些词回应给他们时，就会成为有力的聆听者。在个人的层面上，你不需要同意对方的价值观。但对转化式的沟通来说，你需要尊重对方的价值观之所在。核心价值是关乎客户身份的重要组成。埃里克森的第一条原则强调：人们本来的样子就很好。

> **埃里克森原则一：**
> 人们本来的样子就很好。

在共同价值观的层次上可以建立非常强的联系。这个层次上的联系是深刻而真诚的。我们都能够理解并尊重一个人的核心价值观，由此就能够关注到这个个体，真正地对这个人是谁感兴趣。在你走入教练对话之前，要愿意分享你自己的价值观。

请注意，我们不可能通过语言完全理解人们确切的意思，他们要表达的意思和细微的情感可能跟我们的理解有小小的（或者巨大的）差别。即使这样，也要使用他们自己的标准，他们的价值观词汇，甚至询问对方的意思，表达你对理解他们内在世界的浓厚兴趣。练习匹配价值观和标准的词汇，用对方的方式重复这些词，如果可能，使用同样的语调和语速，将这些词用在略有不同的情境中，但强调同样的东西。

使用匹配、同步等这些亲和的技巧时，你的意图非常关键。操控和真正的亲和非常不同，对方会从对话中感觉到。如果你真正的意图是建立深层的亲和，跟对方连接，你就会成功；如果你只是想非常浅地进入对方的世界，目的是从对方那获得利益（比如你想从他们身上赚钱，但是并不回报相应的价值），那么这个人的心灵深处就会知道这一点，并从你身边走开。超意识的交流会带出这样的信息："我不喜欢你，我假装喜欢你是因为我想从你身上得到些东西。"即使这些动机未被对方察觉，亲和关系得以建立，这种关系也是不平衡的。这里面缺少真诚、正直和真实的连接，有可能会造成令人不舒服的结果。另一种情况下，如果你内在的信息和真实的意图是"我想真正理解你，我变得像你这样就能够理解你"的话，就能成功建立亲和关系。

注意，人们能够察觉、听到、感觉到隐蔽的安排和操控。不要简单地利用建立亲和，将观点强加于人。如果你试着在谈话中将他人带往某个方向的话，要预先告诉对方。在试图告知、展示或者给建议的时候，你不可能同时进行转化式的教练对话。告知、展示和给建议是违背教练的沟通方式的，是在假设你比对方更加清楚他们的生活和各种事务，假设他们需要被"修理"。

当你出于真诚去使用教练的方法时，对方会看到、听到并感觉到这一点，这就为转变创造了极大的可能。花时间跟自己真正的价值观合一，花时间进入到教练的方式中，尊重和理解客户本身，不评判、不试图改变他们。

有效沟通的四种工具

当我们的问题涉及"模糊不明"的情况，或触及敏感地带的时候，对方可能因为固有的习惯而沉默下来，变得抽离并停止沟通，甚至变得烦躁。以下为大家提供四种奇妙的工具，无论你的客户对这个问题如何抗拒，都能够打开沟通的川流。

工具一：语言柔顺剂

我们之前说过，当一个人感觉到你对他是真诚的关心、理解和尊重的时候，最深层的亲和就建立起来了。在沟通中，一个挑战性的问题，或者直接的提问，会破坏已经建立的亲和和信任关系。

例如，想象你正在参加一个聚会，结识新朋友，找点乐子。一位你并不太认识、只说了几分钟话的男士突然问："你明年的愿景是什么？"你会对他说什么？对这个问题你会有什么感觉？你会跟他分享最深层的事实吗？如果你有点像我，可能会寻思：他为什么会问这种问题？可能你会想："这是谁啊？他打算干什么？他想向我推销什么吗？"你可能只会防备起来，而不会对一个刚刚认识的人开放，不会诚实而直截了当地回答这样一个很重要的问题。

在问出一个有挑战的、刺激性的，或者可能被人当作冒犯的问题的时候，如果你在对话中使用语言的"柔顺剂"，就会继续保持并增强亲和关系。例如，不要像上文中的男士那样直白地问"你明年的愿景是什么？"，换种说法，可以这么问:"你知道,我很好奇,你看起来是个很有趣的人,跟你讲话真的很享受。我在想,你介不介意告诉我你明年的愿景呢?"

注意,提问之前所有这些话都是为了创造一个放松的环境,将问题变柔软。这种提问的方式不会激起他人的自我保护反应。实际上,让客户感觉到,你希望与对方真诚地分享一些东西,而不要让对方怀疑有暗藏的意图,或在兜揽生意。

在提任何有关个人的,或者带有侵入性问题的时候,语言柔顺剂会表达我们对对方的尊重。就像我们在请求对方的允许,看是否可以提问这个问题。高效的沟通者会采用教练的方法,使用语言柔顺剂,并关注结果。通常,如果柔顺剂使用得当的话,对方会放松下来,感到教练是真正对他们感兴趣,而不是为了挑战或是操控他们。

情绪脑和大脑网状结构会非常迅速地察觉出危险和威胁,包括警惕人们声音、语调和词语中的威胁。使用语言柔顺剂,会减轻甚至消除问题中包含的威胁感。一个转化式的沟通者会有技巧地使用语言柔顺剂,这时对方就会放松下来,对话就会开始顺畅。

柔顺剂举例:

- 你介不介意我问一下你对……的看法?
- 我很想听你的看法,你对……是怎么想的呢?
- 我能不能问问你……?
- 我很好奇,你介不介意告诉我……?
- 你能不能告诉我……,我真的很想知道……
- 如果我说错了,就请你纠正,不过……
- 我在想你能否告诉我……
- 你跟我说话的时候,我想到……
- 你有没有注意到……
- 你有没有意识到……

- 这很有意思，你认为……
- 你介不介意告诉我……
- 我有个问题，能问问你吗？

工具二：回放的精致艺术

　　回放就是给对方反馈或者总结收到的信息，由此找出关键点。它是复述关键点的技巧，通常使用对方用过的一些词语，并配合声调的变化和身体语言。

　　回放能建立亲和感，因为对方会感受到你尊重他/她的时间，感觉到你很想听到他/她说的关键信息。一个人无意识的语言会准确无误地告诉我们他/她的感受。当我们回放给对方时，要用他们自己的词，再说一遍他们说过的话。匹配各种音调，总结对方的关键点，都会表明你理解他们，理解他们的感受。

　　回放与演绎或概括类似，但又有不同。当你使用对方的价值观词汇，表明你理解他们的主要意思时，人们会特别高兴。人们会用一些特定的词汇，将他们内在的世界用语言表达出来。聆听对方的关键词，准确使用这些词。使用对方强调最多、感受最深的词。如果你还没清楚地了解这个人，他们会告诉你的。依据对方的回应，不断调整你自己的反应。

　　如果你对这个人的观点感到迷惑，或是不清楚对话的方向，那么，回放这些话来澄清，或者让对方来给你回放。在对话中，回放能给你几分钟来重新组织想法，回想说过的话，同时发现下一个重要的问题。

回放短语举例：
- 那么对你来说……
- 换句话说，就是……，对吗？
- 那么你告诉我的是……，我说得对吗？
- 那么你说的是……，我的理解对吗？
- 看看我理解对了没有……

- 现在能让你清晰的是……对吗？我说全面了吗？
- 你告诉我的是……如果我说错了，请纠正我。
- 让我们回放一下……

工具三：提前说明目的

如果你跟对方解释一下问这个问题的原因，那么即使是问刺激性、挑战性的问题，也可以保持住深层的亲和关系。在提问之前告诉客户你提这个尖锐问题的原因，这是很适当的，也显示出你对对方的尊重。这样一来，客户就会放松下来，理解为什么问这个问题是合适的，这个问题又如何能够支持他/她得到想要的成果，这样他们就不会困惑、紧张，或激起防卫意识，感到被冒犯。

如何说明目的举例：

- 为了让你能够在对话中得到自己想要的结果，我可以问一下……？
- 为了解决你当下的顾虑，你能否告诉我……？
- 为了找到问题的核心，我能否问一下……？因此……
- 能不能请你跟我说一下……以便你能很快找到解决方法？
- 我能不能问一下……以便你能做出决定？

工具四：进入教练位置的广阔空间

第四个工具是教练位置，这意味着你要从谈话的内容里抽身出来，进入抽离位置。在这个位置上你是放松的，能纵览对话的全局，而且放弃控制的念头。在教练位置上，你概览对话的语境，放弃从特定的对话内容中取得结果的想法。这是最综合、最重要的一个亲和技巧，因此，在《教练的艺术与科学：流动》（暂定名）（第三本书）中有一章专门来讲它。

现在，我们要看看教练位置所带来的力量，它能生成温和的语调，令人放松的尊重，以启动真正的探讨。

思考下面这个故事，这是教练位置的一个说明：

在一段狭窄的单向运河上，一名德国的船夫发现有艘船正快速地朝他驶来，这名船夫是被许可过的，他可以使用这段河道，而且他已经行驶了好几公里了。船夫非常愤怒，他跺着脚，喊叫着，朝驶过来的船挥手，那船一瞬间完全挡住了河道。突然，船夫意识到，驶来的是一条被遗弃的船。船上没有人，听不到他的咒骂。

船夫的怒气立即消了，他发现自己的内心完全平静下来。他跟随自己情绪的转变，于是他开始自嘲，注意到自己的放松，注意到自己在这种情况下感受的巨大不同。你怎么能对一条空船大发雷霆呢？

教练位置，指的是在对话过程中，我们能够经常把自己从观点的牵扯中抽离出来。教练就是那条空船，从中立的观察者角度去看，去聆听。从这个视角出发，是将对话看作一个整体。这样会让对方更加舒适，同时他们也会对自己的内在对话更加好奇。真正的聆听，需要我们跳出对谈话伙伴及其思维、沟通模式的所有假设和狭隘的推断。投入教练位置，能够让我们获得长远的视角。当我们的身体表现出开放和好奇的时候，谈话的对象就会放松下来。

> 当我们的身体表现出开放和好奇的时候，谈话的对象就会放松下来。

你可以通过转换到某种身体姿势来有效地设置一个教练位置，比如深呼吸；或是通过视觉想象的方式完成，如在脑海中看到自己转换到观察者的位置。有些人会想象自己穿上特别的教练位置的服装，换上某种颜色，或是戴上帽子。还有些人会从旁边的摄影机的角度来观察整个对话。

在教练位置上，我们支持客户放松下来，去面对关键的问题，找到大的画面，并扩展固有的观点，建立系统化的视野。最重要的是，客户通常会跟随我们放松下来。当我们身体处在纵观全局的角度，意味着教练也开始用不同的方式来体验对话,就像交响乐团的指挥在音乐的步伐里放松,身体随乐团演奏而变化一样。在教练位置上,教练开始用新的眼光看这个人,并注意到当下可用的资源。简而言之,教练用一种温暖的方式来看待对话,无论对方的内在程序是什么,要从各个方面注意到这个人是OK的。关键在于尊重并唤醒人们内在的才能。

教练位置在亲和关系中非常重要,因为只有人们跟你一起,感受到真正的放松时,他们才能够进入有意义的对话中。教练要做的,除了将客户内在的才能释放出来之外没有别的,因为客户自己已经拥有成功所需的所有资源。

> 教练要做的,除了将客户内在的才能释放出来之外没有别的,因为客户自己已经拥有成功所需的所有资源。

> **埃里克森原则二:**
> 人们内在已经拥有实现目标所需的资源。

在教练位置上,你会从对话之中抽身出来,从一个拥有资源的、中立而好奇的角度来观察。这个位置是从长远的价值出发的,而对方也会放松下来,找到这份长远的价值。

总的来说,建立亲和关系从而建立信任,这是转化式对话的基础。虽然还有很多建立亲和的能力可以去学习,但是,亲和的建立取决于你的意图。

如果你的目的是拉着对方跟着你的议程走,他们就会感到紧张、不自在,有力的对话就不可能发生。如果没有真诚的亲和关系,跟对方真正去对话就会非常困难,就像是穿着铅做的鞋子跋涉在流沙上一样。

反过来说,当你带着尊重、温暖、开放的心,真诚地希望支持对方的议程时,他们就会感到轻松。当你的支持让对方放松下来,深深地信任你的时候,他们就会很自然地转向真正重要的话题,在自己的内心深处找到更多的信息,获得更深的洞见。

当两人或多人间的沟通达到最好的效果时,可以说他们进入了一种流动状态,共享同样的思维。他们达到

> 当两人或多人间的沟通达到最好的效果时,可以说他们进入了一种流动状态,共享同样的思维。他们达到了和谐的状态。

了和谐的状态。

任何事情都从建立亲和关系开始。

亲和力平衡轮练习

在建立亲和关系方面,我们已经介绍了可以实践的多个领域。其中一些对你来说可能是新的方法,而有些是已经形成的习惯反应。

因为亲和关系有不同的层次,所以一个有用的自我练习是建立一个亲和力平衡轮(见图 1.1)。研究你在与不同类型的人匹配及共舞的技巧方面的满意度。注意你在哪些方面能够很容易地与他人匹配,同时注意到自己在哪些领域仍然需要拓展能力,识别对方的模式,用对方的方式舒服地共舞。

在图 1.1 中,我们列出了目前提到的建立亲和关系的关键点,放在一个假定的关系平衡轮之中。

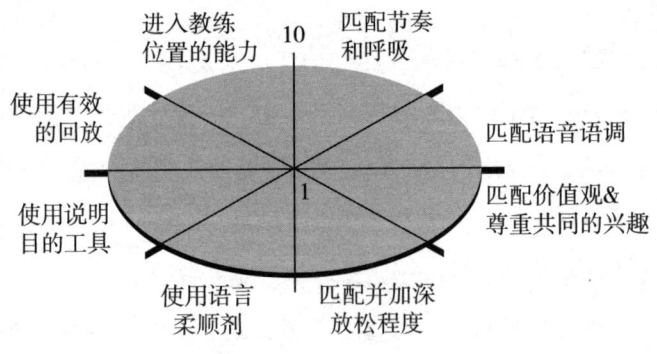

图 1.1 亲和力与关系

在练习时你会发现,用这个例子做模板,去建立你自己的 8 等分的亲和力平衡轮是比较有用的。第一步就是在本章所述的亲和技巧中挑出一些来,放在平衡轮中去打分,以此研究你目前建立亲和的效果。对每一个亲和技巧从 1(需要努力,在圆圈的中间)到 10(卓越,在圆圈的边缘)打分,评估你目前亲和技巧的有效程度。图 1.2 是一个平衡轮打分的例子。

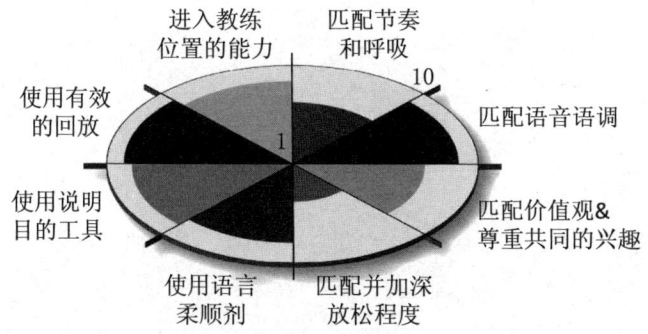

图 1.2 亲和力平衡轮举例

看到打完分数的平衡轮,你会很快注意到要去练习哪些方面,要在哪些领域增强自己的灵活性。

- 你觉得哪些领域是真正能让客户变强,而你又愿意下决心每天用几分钟与他人练习,坚持三个星期的?
- 你觉得你能多快地提升自己的能力?
- 增强亲和力需要你做什么努力?

挑一个领域,开始练习。

- 为了完成这个目标,你需要给自己哪些支持?
- 你会去做吗?

第二章
强有力聆听之"声"

当我因痛苦而悲泣,你会否聆听我的承诺?
当我深陷羞愧之中,你会否聆听我的决心?
当我借口多多,你会否依然真诚以待?
即使留意到我的闪躲,你会否依然为我的真心欢呼?
即使我因挑战而退缩,重蹈覆辙,你会否依旧为我坚守承诺,唤我回归?

——佚名

🐦 如果你带着"人们不完整，需要我帮助"的观念去聆听，就会发出一个担忧的信息，强化人们负面的限制性信念。这会收窄通往梦想和超意识的大门，因此，只有宣之于口的话他们才能听到。

超越自动化的聆听

我们都经历过被关心自己的人聆听的时刻,也曾体验过真正被聆听所带来的不同。由心而发的有力聆听(就像前面诗歌中所述),无论是对聆听者还是诉说者,都是一种非比寻常的体验。

然而,在日常生活中,大部分人的聆听非常表面,或处在自动化的层面。我们根据对自己的意义来分类挑选所听到的事物。我们关注周围人所说的,以自己为中心,听取这些话对自己的影响。

> 然而,在日常生活中,大部分人的聆听非常表面,或处在自动化的层面。我们根据对自己的意义来分类挑选所听到的事物。我们关注周围人所说的,以自己为中心,听取这些话对自己的影响。

花点时间,想想自己真正感受到被听到的某个时刻。回想一下,有人聆听,并且听到你心底最深处重要的东西时,那是什么样的感受?你是否会感觉到对方对你的欣赏呢?你是否感觉到对方的信任,觉得分享自己真实的想法是安全的?是否感受到支持,或许会让你更有力量?

以这样的方式被他人聆听,是令人惊叹的。对转化式的对话而言,打磨你的聆听技巧是一条绝对的要求。教练中的一切都取决于聆听。因为聆听是回应的出发点,它展示出我们是如何与对方在一起,又如何支持彼此的。

用价值观聆听,聆听价值观

当你设定了意愿,要去发展和他人之间深层的连接,要去应用第一章中的亲和技巧时,就准备好进入第二步——强有力的聆听了。实际上,聆听的方式决定了你提问的相关度,增强了对话的吸引力。有力的聆听和有效的发问完全

> 问出很好的问题，问那些可以帮助人们挖掘自身优势，找到优先要务排序的问题，可以说是教练的门面，或者说是教练对话的发动机。而强有力的聆听就是教练对话背后的能量，是发动机的燃料，使好问题能够呈现出来。

是相辅相成的。

问出很好的问题，问那些可以帮助人们挖掘自身优势，找到优先要务排序的问题，可以说是教练的门面，或者说是教练对话的发动机。而强有力的聆听就是教练对话背后的能量，是发动机的燃料，使好问题能够呈现出来。

人们有各种聆听和发问的内在习惯。而承诺的本质，就是将这些习惯联成整体，让人们做出各种选择的方式。人们目前做选择的方式，可能支持他们拿到自己想要的，也可能支持不到。在每段对话中，我们可以有力地聆听到、分辨出人们内在的习惯，进而帮助他们进入更具包容性的思维图景之中，转向有效的解决方案。

聆听可以揭示出多种思维的图景，无论是狭隘的个人主义，还是广泛的包容之心。比如，听朋友们轮流讲述他们生活的细枝末节时，很明显地，只听到内容或者事件，就容易激发其他人讲述相似的个人经历。与此相对，如果你带着欣赏，去聆听对他人来说最重要的事情，也就是他们的深层价值观构成，那么就可以清晰地听到他们的首要的价值观。透过这些价值观，你就可以感受到他人的人生目的和内在资源。

在带着欣赏去聆听时，你要留意什么价值观对这个人最重要，也可以更进一步，跟着直觉，猜测哪些好问题可以引出更深的价值观，引出至关重要的议题。你可以帮助人们去探索自己的核心价值观和目的。当你能更有效地聆听真正召唤着人们的、有转化力量的愿景时，对话就得以发展，更重要的问题就会显现。

用这种方式去聆听，就像镜子一样，能映照出人们的深层真相。而当人们在这个层次上被听到、反映到，被问到的时候，他们的生命就得以转化。

为聆听加上封套

转化式的对话是提问和聆听并存的舞蹈。如果你能注意到与他人发展一段特定的转化式对话所需要的条件,就能帮到别人。

例如,你可以去聆听,去发现人们当下需要发展的地方,或许可以用开放式问题询问他们的愿景或梦想。你也需要找到自己身上相应的价值观——例如,温暖的好奇心。所有这些都为聆听加上了封套,而对话的可能性就开始展开,鼓舞人心的对话就开始充满这个空间。

在对话中使用教练的方法,我们就要聆听对方所寻求愿景的特定可能性,去祝贺他们。我们了解到某个解决方案或者计划的出现,进而聆听其成长的迹象。在思维的花园中,我们对对方能力的设定,是种下了解决方案的种子;我们的有力提问和聆听给它浇水;我们聚焦的专注,给了解决方案以温暖阳光。在这些条件下,欣赏式对话的对方就像美丽的花儿一样茁壮成长,他们的梦想得以浮现。

这就是聆听的图景。我们好奇人们的愿景会如何继续发展,并要求他们给出更多线索。我们留意到,随着对愿景的探求,对方的想法会迅速浮现。因为我们带着浓厚的兴趣,所以所有东西都会带着新的味道,持续不断地发展。聆听是教练方法高效完成的要素,我们聆听的方式影响了客户所说和所做的方方面面。

你的聆听通常在哪个层次?

许多作者都有力且深刻地论述过聆听的层次。我们研究了许多作者的初始定义,特别是劳拉·怀特沃斯(Laura Whitworth)、凯伦·金姆斯豪斯(Karen

Kimsey-House）、亨利·金姆斯豪斯（Henry Kimsey-House）以及菲利普·桑达尔（Phillip Sandahl）所著的《共创式教练》（Co-Active Coaching）一书。这些作者清晰而简明地定义了有意识的聆听的过程，将其分为三个层次。

本书将使用他们的基本定义，并从成果导向的教练的角度，对聆听的三个层次，或者说三个方法的区别加以扩展。这样做的目的，是阐明我们如何去聆听，聆听什么，以及我们在聆听时是什么样的人，这些都是你真正可以去学习、去提高的技巧和觉察方式。

第一层次聆听：个人化、自动化聆听

在第一层次上，你是内在地、自动化地聆听他人所说的内容。对方所说的词句，激发了你自己相应的思维过程。虽然在第一层次也可以发生深层次的、有力量的沟通，但是对说话的人而言，你呈现出的其实就是你自己内在世界的投射。你是在自动地根据自己的内在思维过程做出反应——也就是说，你的反应是基于自己的想法、感受，或者你对对方话语的理解。

例如，听到别人讲的话，你的头脑可能会把自己的类似经验和对方所说的内容关联起来。你会同意或不同意对方，让自己相信或者怀疑，或是组织自己的回应，补充对方的想法。

用聚光灯做类比会很有用。想象某人在讲话，在分享他的想法和感受，此时聚光灯打在他身上。现在，看到聚光灯转移到你的身上，你来分享自己对他所说的东西的想法和感受。聚光灯不断转移，直到对话结束。这就是大多数人最常用的聆听方式。这种标准的聆听方式，是个人化、自动化、反射式的。

另一个好例子就是看电视，留意自己在看电视节目，比如看新闻的时候是怎么样的。电视机处于聚光灯之下，你听到新闻的同时，头脑中就会产生反应。在聆听的同时，你在思考并判断自己对这新闻的感觉和想法。

新闻主播说："今天会是个美丽的大晴天。"

你想着："哇！太好了，我要给露易丝打电话，约她打网球。"

或者你会想："哎呀，这么好的天我还得上班。周末的时候却一直下雨。我也太倒霉了吧！"

在第一层次，我们可能会对谈话对象有正面或负面的评判。在一些情况下，特别是长期的关系中，我们会带着预先形成的、关于这个人的评判来聆听，这些评判包括你觉得他们是什么样的人，包括你对他们如何回应、反应的期待。在第一层次上，我们并不能真正听到对方，听到的通常是自己先前已有的看法。

朋友说："我真喜欢那部电影。"

你想："哇，我就知道你品位不凡！我就知道你会喜欢那个导演和摄影。"

或者你会想："你还是这样啊，这个电影很无聊的，你看电影的品位太差了。"

丈夫说："我今天要清理院子。"

你想："你要清理！我看到了才相信。你可能拖拖拉拉直到天全黑了还没弄呢！"

或者你会想："太好了！谢谢你！院子变漂亮了我会很高兴的。"

第一层次聆听是自动化的，指导它的，是你对周围世界的想法，以及你自己所处的位置。因此，一些重大误解的发生，更多的是出在聆听者而不是诉说者身上。转化式的对话和整体的改变，极少发生在第一层次聆听中。

例如，拉里在听朱迪说话，她说自己工作不开心。拉里就开始想，如果朱迪辞职了会怎么样。拉里十年前曾丢掉过工作，并因此毁掉了他的家庭。拉里的头脑立即跳到了朱迪失业的画面，在画面里，他又加上了自己的判断：朱迪可能会付不起账单。拉里陷入沉思，第一层次的聆听使他考虑起自己的事务和忧虑来，就听不到朱迪后来说的其他话了，于是脱口而出："你要是辞职的话会后悔的，朱迪。你现在收入不错，应该高兴才对。"

第二层次聆听：关闭评判，聚焦，支持

第二层次的聆听与第一层次非常不同。当我们仔细地聆听对他人最重要的东西，并从这个价值结构出发，全神贯注在聆听之中时，第二层次的聆听就开始了。

还是用聚光灯来打比方，当你用第二层次的耳朵去聆听说话人的分享时，聚光灯是一直打在说话人身上的。他们说话时，你不会让自己的头脑自动发出见解，以及好或不好的判断，或者个人的反应。你热情地关注着对方所说的。在你最喜欢的演讲者讲你最喜欢的话题时，或者在你把注意力放到深度投入的对话中时，你会在这个层次上去聆听。

第二层次的聆听也意味着要全神贯注，你的出发点是想要最好地为对方服务，让他们从对话中获得自己想要的。当我们在第二层次上聆听时，是把"全部关切"聚焦在对方身上，聚焦在他们所说的上面。我们所秉持的价值观，或许就只是那份内在的承诺，承诺在整个对话中保持教练位置，承诺要唤醒对方心中那个已经拥有成功资源的天才。

第二层次的聆听来自深层的尊重和关心，随之而来的，通常会是深层的亲和感。因为被聆听的人感觉他们的谈话真正被听到了。当我们感觉到自己是以这样一种方式被听到的时候，就会体验到自己是被理解了，这带给我们深深的支持和满足感。

> 当聆听者关上自己的内在对话，关上所有评判、看法和建议，而聚焦在说话人身上，关注他们所想要的、需要的，关注他们的感受的时候，转化式的对话和整体的改变就开始成为可能。

当聆听者关上自己的内在对话，关上所有评判、看法和建议，而聚焦在说话人身上，关注他们所想要的、需要的，关注他们的感受的时候，转化式的对话和整体的改变就开始成为可能。

聆听人们的能力，唤醒内在的资源

我们要通过哪些关键的价值观结构去聆听他人呢？米尔顿·埃里克森的原则提供了极好的聆听平衡点。当你带着这五项原则，去聆听谈话伙伴，就能有力地影响他们。在本书系的第一本书中，列出了如下的五项原则：

表 2.1　埃里克森的五项原则

原则一：人们本来的样子就很好（OK）；
原则二：人们内在已经拥有实现目标所需的资源；
原则三：人们总会在当下做出最好的选择；
原则四：每个行为都有正面的动机；
原则五：改变不可避免。

带着五项原则去聆听，你就会看到自己的聆听是如何影响了对方在对话中获取的内在资源。

通过这些原则，你学会去聆听谈话伙伴的愿景和价值观。你提升自己的能力，去聆听他们自己信任自己的能力。通过聆听人们自主前进的能力，你给予他们支持。如果对话伙伴的目标是要很好地完成他们的项目，而你从这个目标出发去聆听，留意到一个好计划所需的能力、要求和细节，就会给客户带来特别的影响。学习去问关键的问题，你会支持他们去追求最宏大的愿景、发挥能力和展开行动。当你能够在各个层次上聆听对方的完整性时，你就会很自然而容易地找对问题，支持对方发展其完整性。

如果你使用埃里克森的基本原则去聆听，留意人们内在的能力和资源，就很有可能实现转化。这就意味着你要花点时间，留意到这个人所说的真的是 OK 的。这样做的时候，你还会留意到：

1. 你放下自己关于这个情境的所有的偏好、评判、看法和建议，放下自己的答案。

2. 你进入一个感兴趣的、关心的、公正的观察者角色，在对话中你唯一的目的，就是要支持对方获得他们想要的。

3. 你让自己进入教练位置，聆听人们本来的样子，他的完全性、完整性和完美之处。

当我们去聆听、去期待客户的能力时，就会看到一个强有力的过程开始展开。我们去听什么，就会听到什么。我们去找什么，就会找到什么。深层次聆听的结果，就是对话很容易变得丰富，而当下的时刻会变得能量

> 聆听时，把被聆听者当作他们自己愿景的所有者和发展者，他们就会感受到被支持，就会相信自己的愿景。

充沛。人们会投入对话之中，发自内心地诉说。他们诉说自己的能力，留意到自己内在的创造性能力在增长。他们学着进入自己真正的能力范畴，对教练温暖的支持和面对面的挑战都能做出回应。他们开始找到自己内在的幽默和智慧。最重要的是，他们学会问自己好问题，并且很好地聆听自己。在人们完成对话时，会感觉到他们的谈话真正被听到了。

聆听时，把被聆听者当作他们自己愿景的所有者和发展者，他们就会感受到被支持，就会相信自己的愿景。然后，你可以支持他们去聆听自己愿景的声音，连接内心对愿景的感受。实际上，他们连接的是调动自己内在资源的能力，是在与自己的深层意图相连接。

例如，继续前面说到拉里听朱迪说自己工作得不开心。朱迪一直在说不开心的原因，而这次拉里是完全关注朱迪所说的。这样一来，他就听到了朱迪真正的忧虑，顾虑自己是不是要辞职。朱迪说完之后，拉里就能对她所说的给些反馈。朱迪从别人那里听到自己说的话，思维就变得更清晰了。而且她感觉到拉里确实听进去了，觉得拉里对她的需要、感受和向往很感兴趣。

第三层次聆听：全方位、相关联、结构化聆听

第三层次的聆听被称作全方位的、前后关联的聆听，因为在这个层次上，我们聆听的是一种有意义的、言行一致的、整体平衡的生活形式。这就意味着我们有可能发展出一种理解力，理解任何话语的广泛而深远的来龙去脉。这是聆听之中神奇的部分，换句话说，我们是在广泛地聆听着生命发展的全部历程。

第三层次的聆听不仅仅注意话语，还有话语背后的语调、语气、语速、能量水平，以及情绪。从教练位置上，我们纵观整个对话的全局；带着全方位的聆听，我们会更关注这个人整个生命的发展。

> 第三层次的聆听不仅仅注意话语，还有话语背后的语调、语气、语速、能量水平，以及情绪。从教练位置上，我们纵观整个对话的全局；带着全方位的聆听，我们会更关注这个人整个生命的发展。

全方位聆听自然地包含了第二层次的聆听，并且超越了它，进到了人们生命的长期发展之中。我们聆听某个时刻发生的事件，把它们当作"这个人会成为谁"的背景资料。这样的聆听就构成了觉察的框架，让人们觉察到自己的天命和计划，迎接自己更大的愿景。

例如，拉里正在听朱迪说自己工作不开心。朱迪一直在告诉拉里自己不开心的原因。拉里在全神贯注地聆听朱迪说的话。他觉察到朱迪说到不开心的时候，她的语调和能量在下降。他注意到，朱迪在说到自己对辞职的担心时，语速慢了下来。当听到朱迪在说想找个新工作时，她的声调升高了，音调中充满了新的能量。他听到朱迪提到要为新职位重新受训时，她的语速又慢了，能量又下降了。拉里在深深地聆听着朱迪所发出的所有沟通信息。他特别放宽了自己的聆听，注意到朱迪这个人本身，注意到她通过这次对话，在发展自己的生命的历程。

朱迪说完的时候，拉里回放并澄清她所说的，向她表明自己真的听到了。

并且，拉里还找准了朱迪的语调和语速变化传达给他的信息。之后，拉里问朱迪自己是否能问她几个问题，朱迪答应了。拉里问道："你真正想要的是什么呢，朱迪？"他聆听朱迪的回答，然后又问："朱迪，我很好奇，你想要的更重要的东西是什么？"通过拉里的聆听和提问，朱迪开始认识到在此之前她一直都无法说清楚的真正的问题。通过提问，拉里能够激发出更深层的探讨，从而引发朱迪更大的梦想。他是在聆听朱迪想要表达，但是自己都没有意识到的事情。现在，朱迪可以用语言表达这些事情了。

在这个案例中，拉里展现了第三层次的聆听，这种聆听让拉里抓住了朱迪的意识觉察之外所表达的东西——话语之外的话语。由于朱迪已经开始觉察到自己意识之外的梦想，转化式的对话也就由此开始了。拉里深深地聆听朱迪，并把她所说的话反馈回去。他请求朱迪的允许，问了她几个问题，这些问题就把朱迪自己没法找到的、极其有价值的信息带出了水面。这些强有力的问题将朱迪带到了另一个层次上。而这次有力沟通的发生，很大部分是由于进行了第三层次的聆听。

注意一下，如果拉里聆听朱迪时，以"她是不完整的，她需要我帮助"的方式来听，那么，转化式的沟通不可能发生。现在拉里是从一个更全息的视角来听的，他将埃里克森的五项原则内化，并且在提问时，使用了朱迪自己的语调和目的。他从赋能的前提假设出发，将朱迪看作是一个完整的整体，是正常的、有力量、有能力的。因为拉里的聆听是在第三层次，他们的这种潜意识的沟通就有效地使潜在的信息得以转化，这些信息甚至比那些有意识的信息更有力。

如果拉里带着"朱迪需要'被修正'，她没法救自己"的假设或评判，那么，他的姿态、能量和语调就会给朱迪传递这样的信息："你是不完整的。"朱迪的超意识头脑会立即抓住这个信息，以某种方式回应过去——要么是自我保护，要么是把拉里这种"不完整"的投射加诸自身。这样，转化式对话就不会发生了。

如果你带着"人们不完整，需要我帮助"的观念去聆听，就会发出一个担忧的信息，强化人们负面的限制性信念。这些限制性信念很可能是小时候形成的，旧的模式往往会以恐惧的形式出现，这会收窄通往梦想和超意识的大门，因此，只有宣之于口的话他们才能听到。人们会强调自己的信息的正确性，放弃自己在多个层次上深层沟通的能力，以及广泛聆听的能力。

作为教练，如果你从完整性的角度去进行第二和第三层次聆听，然后创造激发式的问题问对方，再用同样的方式去聆听对方的回应，这就是在鼓励对方深思。从如此有力的聆听之中生发出的问题，会厘清论述或是情境背后的方向、目的、价值观、信念、期待、目标以及洞见。这种新的觉察就是给客户的礼物，让他们根植现实，心生双翼。

"大耳朵"练习

这个练习需要你进行三次不同的对话，可能需要多半天。例如，在一天之内，给三个朋友或者家人打电话沟通。

想象你的衣柜里，放着三副不同尺寸的"耳朵"（跟衬衫、袜子和手套放在一起），就像耳套一样，你可以很容易地戴上或者更换它们。

就像做好玩的白日梦，你拿出这些耳朵看一会儿。第一副耳朵很小，比你正常的耳朵还小一些。第二副大了点儿，而第三副耳朵非常大，还附带天线功能。视觉化这些特别的耳朵，隐喻式地看待它们。你可以把它们看作自己喜欢穿戴的特殊配饰。

戴上之后，不同的耳朵就把你连接到第一层次（自动化），第二层次（聚焦，支持），以及第三层次（全方位的）聆听上。每一副耳朵都是你喜欢时不时戴一下的。

现在，把这些耳朵当作真实的物件。首先拿出小耳朵戴上，这是第一层次聆听的耳朵。给某人打电话，而你们之间的自然的习惯，就是只用朋友的方式去聆听。你对他们说的新闻感到好奇，并用自己平常的、自动化的方式，在第一层次做回应。电话打完后，把自己注意到的这对耳朵的特性写下来。

稍后，戴上另外两副耳朵，用第二和第三层次的聆听再去做两个对话。在你隐喻式地"戴上"这两副耳朵的时候，有意识地提前假设这两个聆听层次的特征，然后再打电话。

在探索了聆听的过程，以及全方位聆听的体验之后，把你这三段对话中注意到的不同写下来。

这个练习是个工具，你可以用它来有意识地选择自己聆听的层次。在每个教练约谈之前，确定你聆听的范围，挑出你想戴上的那副耳朵，以最好的方式支持客户，然后就对话吧！

第三章
提问 vs 告知：无建议地带

人们常被教导说看透他人才是聪明。事实上真正的智慧是从我们下定决心互帮互助开始的。

——佚名

🐦 带着欣赏和好奇提问有力的问题，其目的在于让人们真正听到自己大声说出口的话语，以及内在的话语和论断："我是有能力的，完全能够自己想出来。"目的是要帮助人们建立强有力的内在提问系统，直到提问变成他们自然的内在与外在的领导力的习惯。

俄罗斯广播

1989年我开始在俄罗斯讲课,我们常去的地方是离大城市不远的乡村疗养胜地。一到宾馆打开房门,我总会受到墙上的收音机里传出的刺耳音乐的欢迎,因为宾馆房间里没有电视,只有这种娱乐方式。从一个城市到另一个,这些宾馆配备的广播通常都一样。

放下行李之后,我做的第一件事就是去找墙上的收音机,要关掉它。然而,我发现墙上只有一个音量的调节钮。即使把音量调到最小,还是能听到一个小小的声音。

俄罗斯广播会在午夜停播,早晨6点重新开始。当刺耳的小声音突然响起的时候,我一般是在做早间冥想,或是静静醒着。小声音高低起伏,留在房间的深处,每天都提醒着我所身处的这个体系。

丢掉"俄罗斯"广播,打开即刻"接收器"

我们都有内在的系统,就像俄罗斯广播一样,每天早晨用精心编排的内在对话欢迎我们。它早晨跟我们一同起床,整日伴随我们。这内在的录音带,每天都演奏着欢快的、悲伤的、好的、不好的背景音乐。它在我们头脑各处回响,习惯性地重复着评价和论断。许多人的"内在的俄罗斯广播"里,充斥着管理式的评论、提醒、判断、指令,甚至是斥责,这些东西把我们导向这个或者那个方向。

教练在全世界不断吸引着追随者,这是因为人们是真的想得到启发和激励,想再次受到鼓舞,而不去理会内在的噪音怎么说。负面的内在对话习惯对我们非常严厉。就像俄罗斯广播,人们听着内心电台传出的老歌,不断播着愤世嫉俗和受害者的主题曲。我们的文化中充斥着负面的哀歌,大多数人并不知道怎么把这些声音调小。他们可能会听到这些频道:"我永远也得不到"、"我不够好"、"我根本没可能做到"或者"我骗谁呢?"。

俄罗斯广播就是我们内在生活的背景音乐,其中非常老旧的信息系统不断评论着我们生活中的每件事。当人们开始思考自己在生活中真正想要什么的时候,俄罗斯电台的广播常常会高声吼出负面的限制性信念,这些限制性信念是过去的思维程序的产物。这些老旧的信息系统所缺乏的,是充满激情的问题,以及对每一个当下时刻的观察。电台里大声播出的,是过去什么样,而不是现在怎么样。

转化式的教练对话能够帮助人们调小广播音量,同时重建聆听现在时刻的接收器。由此人们可以重新设置自己的能力,回到愉悦的开放状态,把频道调回记忆中童年时代自然接收的本地台。

这样做的时候,我们的生命就会打开。我们就真正地学会了将俄罗斯广播丢在远远的角落里,留在那些我们头脑里不再需要的老式旅馆房间里。

问题:通向自我发现和技能发现的康庄大道

再次思考一下:为什么问出很好的问题会是通往美好生活的一把钥匙?好问题可以比作广播调频器,让我们清晰地接收到与自己内在的一致性和生命的意图有最大相关性的频道。实际上,有些人说问题就是答案,因为有力的发问,可以让人们从纠结的圈圈、旧有的内在评判等等这些让人无力的头脑噪音中超脱出来,进入真正赋能的状态。让我们能够找到并且聆听内在和外在的实相。

通过教练,我们探索的是信任好问题的力量,而不依赖假设、评判或者建议。把这一条转换成教练的原则,就是:转化式的沟通者提问开放式问题,而不是告诉人们做什么。很简单,当你告诉人们做什么的时候,传

> 转化式的沟通者提问开放式问题,而不是告诉人们做什么。

达的是这样的信息:"我知道得比你多。你需要我帮助。我是你生活的专家。"

潜在的教练们第一次听到这句话时,他们通常会说:"不,我不认为我比客户知道得多。我只是给他们有用的建议罢了。"想一想,真的是这样吗?

每次给出建议,你就在假设这个人没有资源去成功地追寻他们自己最好的选择。注意,建议的信息中嵌入的假设是:这个人无法靠自己找到最佳答案。因此,有意无意地,你假设的是自己比对方懂得更多。

任何巧妙或直接的告知、建议、忠告都会支配对话之中思想的流动,而且很可能会阻碍人们去聆听自己内在的指引。也可能会刺激客户,激起他们的防卫心,引发辩论和解释。

> 任何巧妙或直接的告知、建议、忠告都会支配对话之中思想的流动,而且很可能会阻碍人们去聆听自己内在的指引。也可能会刺激客户,激起他们的防卫心,引发辩论和解释。

带着欣赏和好奇提问有力的问题,其目的在于让人们真正听到自己大声说出口的话语,以及内在的话语和论断:"我是有能力的,完全能够自己想出来。"目的是要帮助人们建立强有力的内在提问系统,直到提问变成他们自然的内在与外在的领导力的习惯。

把你自己放在一个需要别人告诉你做什么的位置上,你会如何反应呢?在收到他人的建议时,我们会通常会有以下两种反应之一:找到方法来拒绝,或者遵从这个建议。作为教练,如果我们放任自己去给建议,往往会得到这样的结果:如果人们在心里拒绝,或者反对你所说的,他们同时也丢弃了你的建议中任何有价值的部分;如果人们在心里同意你,并按照你说的采取了行动,那么他们会把自己的成功(信任你)或者不成功(责怪你)的责任推到你身上。

如果人们照你的建议去做了,但没有起作用。那么他们很可能会指责你,而不会为自己的选择负责任。例如,"乔安教练根本不知道她自己说什么,我(客户)压根不应该照她说的做!"如果有效果了,他们仍然会指着你,归功于你,说:"乔安太棒了,要是没有她的建议,我真不知道怎么办好了。"

与此相反,当你提问有力量的、导向自我发现的问题时,会帮助人们提取自己内在的资源。他们就会开始完全相信自己能够找到最好的选择。这样,他们就会为自己的生活负起全责。

开放式问题的力量非常重要，第四章整章都会谈这个。我们从本章就要开始这个探索的历程，首先检视不同类型的问题，指出一些原则，再探索中国菜单式①问题的特性，以及度量式问题。

负责一个项目：自我评估的过程

有效教练的一个关键，就是教练是否有能力鼓励人们进行自我评估，自我公开目标、愿景以及任何看起来会挡路的困难。这样人们就会找到自己的最佳路径。我们教人们重新检查自己的计划，让他们去留意现在是否能够拿到他们想要的。通过寻找最佳的下一步，我们是在鼓励愿景的发生。

虽然你想促进自我反思和自我评估，但是很重要的是要知道有些人是永远在评估自己的。实际上，这些人很难停下来。他们持续不断地自我检查，对照自己的标准，一刻不停地判断自己做得好不好。我们把这种人叫作"内在参考型"，他们认为这种持续的自我评估，看自己做得好不好是成功的必要条件。这些人头脑中明显的气氛就是自我评估。

世界上另一种人，更愿意依赖他人的评价。他们更倾向于去求助，问其他人自己做得好不好，仔细地聆听外界的评估和看法。他们更愿意其他人设定标准，并把这些标准当作外在的指引去遵从。这种人达到标准以后就会停下来。他们会尊重某些人的看法，比如领导、老板，或是朋友们，从这些人肯定的评价里，他们会知道自己做得很好。他们的标准也可能来自其他来源，或者统计的比较。但是，这些标准主要是外在的指引。

一艘正在进港的船，在遭遇强烈的逆风时，必须从一端有力地抢风航行到另一端。强烈的内在参考和强烈的外在参考是两个极端，大部分人在日常的任

---

① 中国菜单式：这种方式不是要告诉人们做什么，而是指出很多选项，让人们从中选择。——编者注

务中，处在这二者中间的某个位置上。有时候，人们自我评估，有时候会寻求帮助。然而，一个棘手的项目会带来压力，这可能会把人们直接推到某个极端。有效的自我评估，是知道哪种参考点、哪些方向的指引会支持到我们最高的目标，这是将我们保持在正轨上的非常关键的能力。这种能力打开了教练之门。

有效的教练中起决定作用的一点，是客户（或者对话的伙伴）自己去评估或判断达成高绩效所需的各种步骤，而不是教练越俎代庖。换句话说，教练方法的一个基础就是：坚持让客户自己去评估，抑制教练戴上评估者帽子的冲动。

教练的工作是要鼓励客户负起责任，做有效的自我评估。这意味着我们要鼓励客户去实现更大的愿景和发展性的目标。如果客户遇到挫折，我们可能会指出这里面存在的学习机会。我们要抵抗向客户施加自己要求的诱惑；抵抗要求客户跟随我们自认为最好的途径，并依据我们的标准去评判的诱惑。通过抵抗这些诱惑，我们实现培养客户持续不断的学习目标。

重要的区分：如何与为什么

是什么让一个问题有力量呢？一个强有力的问题支持我们深入探索。与此相反，任何让人们说出那个著名的回答"因为……"的问题，往往会关上对话。为什么？因为！

注意，"因为"这个词会关上对话，就跟我们小时候一样。"我能吃点口香糖吗？""不能！""为什么？""因为……！"很明显，"为什么—因为"式的问题和反应收窄了选择范围，压抑了探索不同选择的能力。"为什么—因为"模式把我们带回那些旧有的埋论之中。由于"为什么"这个词是跟之前的选择相关联的，使用这个词会促使人们进入辩解或者合理化的模式，因为他们感到需要保护自己，或者需要对过去的选择加以解释。"为什么"的问话中潜藏的建议就是"不要再继续了"。

例如，想象我问你："你为什么开会迟到了？"你会怎么回答呢？像很多人一样，你可能会合理化自己的行为，说交通不好啦、车子坏啦、闹钟没响啦、孩子洒得你满身牛奶啦，等等。这是因为"为什么"的问题会引发辩解，而任何决定，任何结果都是可以在事后被合理化，加以解释和辩护的。

注意，关于某种情境的"为什么"的问题，常常暗示着这个人是"错的"。当人们感觉到你在暗示这一点，他们就会陷入对自己的解释和防卫，这样一来，转化式的对话就不可能发生了。

要从过去得到反馈，并将其用在对未来做出有效的转变上，比较好的方法是提问"如何"的问题。"如何"往往会揭示这种情境的结构，而不会导向辩护。

可能有用的问题：

- 这种情况是如何发展出来的？
- 我们如何从中学习，并向前发展？
- 这个结论是如何得出来的？我们如何跨越它？
- 我们如何在下次做得更好？

当你要从任何过去的情境中获取反馈时，请用"如何"而不是"为什么"来开头！

聚焦未来：为什么重要

一个聚焦过去的"为什么"的问题会引发辩护和反向指控。反之，当"为什么"问题被用来聚焦未来的时候，就会非常有用地揭示出选择或方向背后的价值。

举例来说，想一想："为什么得到这个结果对你这么重要？"这个问题就会引出成果的价值。对于未来的一个重要选择，提问更多的细节或是背后的思考过程是极其重要的，可以理清思路、引发洞见并激励对方。当人们描绘出愿景的重要性，再次看到那些通往光明而满足的未来的重要细节时，他

> 对于未来的一个重要选择，提问更多的细节或是背后的思考过程是极其重要的，可以理清思路、引发洞见并激励对方。

们就会受到激励。这种提问的方式展示出你对个人的尊重，给了对方这样的期待：他们能够找到自己的答案。这种经常性的赋能做法，就说明了（无言的表达了）："我相信你有解决方案，我相信你有力量和资源独立行动去解决这件事。你是 OK 的。"从深层次的尊重和信任出发，人们就会发现他们自己的答案。

强有力的问题

- 是基于真正的关心和真诚的学习愿望的，这样这个人就可以得到自己想要的。
- 是清晰而简明的（越短的问话越有力），问话的方式是为了唤醒对方心中的天才。
- 是用温暖的语调问出来的，用建立亲和的技巧（见第一章）加以软化，这样，被问的人就会感到被尊重、被关怀和被信任。
- 通过激发资源而非自我保护而支持到对方愉悦的学习。
- 问题之后通常跟着沉默，这样，对方就有机会去想透这个激发式的问题。沉默也表明你真的在感兴趣地听。
- 是用来将人们转向他们想要的，而不是看向过去，去解释或辩护。
- 支持到人们的身心一致性，以及人们与价值观的联结。
- 可以明确目标和方向。
- 可以赋能，并设计决策。
- 从不同的视角来看，让对方有智慧看到更大的画面，从而揭示并指出如何前进。
- 支持对方有更多的综合思考，系统思考。
- 增强专注度和清晰度，引导对方进入到充满激情的承诺状态。

强有力问题的列表可以继续扩展。总而言之，强有力的问题是遵循成果导向原则（见第六章），并跟随着有效的项目发展方向：激励、实施、价值整合和完成/满意的过程（见本书系第一部）。这些问题之所以强有力，是因为它们在人们心里唤起了清晰度、意图、价值观、深层意义、领悟、理解、连接、承诺和行动，让他们得以做出明确的选择。

无须告知的头脑风暴：中国菜单法

你是否注意过，即使在一段强有力的对话当中，人们也常常会有不知道往哪里去的情况？这种情况下，哪些好方法可以让人找到可选项，或新的选择呢？在人们被卡住，似乎无法找出更多选择的时候，埃里克森用来支持他们的一种方法是中国菜单法，就是与客户一起头脑风暴出多种选项。这项技术是提供一系列客户可能会考虑到的选项，将其作为准备动作，开启客户对潜在解决方案的更深入的讨论和探索。

米尔顿·埃里克森在与客户一起工作时，常常会开列一个清单，指出很多可能的选择。他会说："处在你的境况中，有些人会打电话，有些人会亲自去，或者有些人可能会写信（以及其他的选项）。那对你来说，在这种情况下，要得到你想要的东西，最好的方法是什么？"

这个方法是要让人们使用教练现场列出的开放式清单，开始比较所有这些选项，进行头脑风暴找出新选择，将选项加以混合或者搭配，从一个选择，跳到另一个更好的、适合自己的方法上面。中国菜单方法不是要告诉人们做什么，是指出很多选项，让人们从中选择。教练为客户设定一个多种可能性的背景。

> 中国菜单方法不是要告诉人们做什么，而是指出很多选项，让人们从中选择。

这种简单的头脑风暴，只是让客户继续探索自己答案的起点。当然，教练是抽身于成果之外的，由客户自己去使用头脑风暴。教练的语调是轻松而好奇的，而拉出有很多选项的中国菜单，是一种激发创意的技巧。

教练案例

在这个案例中，客户的成果是要吸引完美的伴侣。教练和客户已经进行了10分钟对话，客户被问到要如何开始寻找新的爱侣时，他停住了，皱着眉头，看起来很苦恼。

客户：很长时间了，我不知道从哪里着手啊。

教练：嗯，如果有很长时间了，那么可能每个人都会有不同的方式来开始做一件事。有时候，你可以通过头脑风暴，来一个全新的开始，并且玩得很开心；或者你也可以去图书馆，在那儿找些方法；也可能你对网络感兴趣；要么你可以回想一下自己过去是怎么去遇见别人的……哪些方法可能会对你有用呢？

客户：[眼睛亮了] 哎，我有个想法，可能加入某些俱乐部会有用，比如户外徒步团体啊，或者公众演讲俱乐部啊。

教练：[在笔记本上记下来，以便客户能看到自己的方法清单] 嘿！看起来你开始有主意了。你还想到什么了？

强有力问题举例：用度量式问题创造动能

度量式问题是很棒的教练技巧，也是创造强有力问题的可靠范例。在客户探索一个项目时，有效运用度量式问题可以增加动能，厘清客户的愿景。在度量尺上，我们可以清晰地看到即时的变动，以此为参考，支持客户达成多个成果和制订详细计划。

使用度量式问题，教练可以支持客户更清晰自己现在在哪儿，以及想要在什么时间去哪儿。度量是有力的提问方式，可以跟客户检核，并且让客户就对话、项目所处的位置，在一个连续的范围内打分。使用度量尺，我们学会在自己的能力上"提高分数"。看到分数提高会带来满足感，会觉得在学习历程的每个阶段，自己都正在做出好的选择。度量尺也可以让我们对自己的发展做出内在的衡量，支持我们把价值观变成能力。

度量式问题的种类

教练对话中典型的度量式问题有哪些呢？引入的短语通常是相似的，比如这个例子：

想象一个从 1 到 10 的度量尺，1 是对项目满意度最低，10 是完全满意。注意一下你现在在哪儿。当下，你把自己放在哪个数字上？

$$1 \leftarrow \triangledown\text{——}\triangledown\text{——}\triangledown\text{——}\triangledown\text{——}\triangledown\text{——}\triangledown \rightarrow 10$$

用这样的入门，我们谈及了教练的议题。度量式问题有许多有用的探索方式，其中一些最常用的在下文会列出来。度量尺让我们看到开头、中间和结尾，看到现在的对于迄今为止的成长的意义，再提升一分需要什么，最合适的改变会是什么，以及别人看到我们的行动，会在刚才提及的所有领域中给多少分。我们会看到过去、现在和未来。

让我们来详细探讨一下度量式问题的例子吧。

行动步骤

- 在你的度量尺上，从 5 分提到 6 分，你需要采取哪些行动？
- 要从 5 分提到 6 分，_____（其他同事、项目领导、团队成员）会建议你做什么？
- 从 6 分到 7 分的过程中，你要做些什么不同的事儿？7 分到 8 分呢？或者甚至到 9 分？还可以做哪些事？

- 到了9分，你的_____（同事，其他团队成员）会注意到你有什么不同？你周围的人是怎么知道你已经到了9分了呢？还有什么？

承诺度（决心/投入度）

- （从1分到10分）你有多大决心去跟着这个走？
- 你的_____（团队成员、同事、项目领导、其他相关的伙伴）会给你拿到这个结果的承诺度打多少分？
- 想象一下，有那么一个时刻，你真的有10分的承诺，那现在你的做法会有哪些不同？
- 你周围的人怎么知道你有10分的承诺（下了10分的决心）？他们还会怎么知道？

自信

- 你觉得这个项目（或者其他的商业尝试）有多大机会做成？给它们打相应的分数。
- 在你内心的1到10分的尺子上，你对于提高自己、迎接这次挑战有多大的信心？
- 要提升1分的自信，你现在可以做什么？
- 既然你真的要拿到10分，那么给你带来自信和希望的是什么？
- 你的自信如何让周围的人认可？

对结果的有效性

- 假设现在是3个月以后，你到了9分，你怎么知道自己到了9分？你看到、听到、感觉到什么，证明你到了9分？
- 你对目前的结果有多满意？请在1到10的度量尺上示意我。
- 你对于现在这个程度的有效性，从1分到10分，感觉有多舒服？
- 你的_____（团队成员、同事、项目领导、其他相关的伙伴）会给这个结果打多少分？
- 对于现在你做的基础性事务，其他关键人物会说有哪些是真的需要你继续去做的？
- 在你自己的度量尺上，你会把这些例子放在什么位置？
- 当你能够稳定地处于自己想要的 8 分状态时，你的项目会有什么不同？你的做法有哪些不同？

动力

- 6 个月后，你预计自己对这个项目的满意度会到哪里（从 1 到 10）？
- 你有多想转变这个情境（这种沟通、这个项目、这个部门、商业团体的观念等等）？
- 你在多大程度上想要转变这个_____（项目、部门、生意或者商业团体的境况）？
- 如果你真的到了你在度量尺上想到的那个点，你所做的事情还会影响到什么，或者谁？还有谁？
- 在 5 分的位置，你对付诸行动有多兴奋？什么会让你的兴奋度更强？
- 要在度量尺上提高一小步，你会开始做什么？你会做什么不一样的事？
- 你感觉这个项目的重要性可以打多少分？
- 在 10 分上回头看，是什么真正推动你到现在这个点上的？你认为哪些技能支持你到了 10 分？哪些最好的步骤带你到了 10 分？

满意度

- 我很好奇，最近发生了什么事，让你在这个度量尺上朝着自己想要的方向前进了一些？
- 在你这个项目的进展过程中发生了什么，让你在现在想去的这个方向上进展更大了？
- 这些例子在满意度的度量尺上是什么位置？

- 在那些你打分较高的例子中，你在做什么？在打分较低的例子里，你没有做什么？还有呢？
- 在度量尺上，当你到了自己想要的分数时，你会开始做哪些不同的事情？还有什么？
- 在这次对话之后，什么迹象能够表明你已经开始采取下一步行动，来让这件事成真？
- 你对目前的结果有多开心？在满意度的度量尺上，这个结果可以打几分？

留意一下这些问题的多样性，以及它们带来有洞察力的信息的力量。在教练对话中，许多不同种类的东西都可以打分。

获取更多例子（从 1 到 10 分，1 分最低，10 分最高），请用下面的练习来思考你的项目。

把度量用于实践

这里有一些有趣而有用的话题。围绕这些话题，我们可以用前面提到的度量式的架构来组织问题。挑选三到五个话题，使用前面提到的框架，就每个话题至少设计五个不同类型的度量式问题。在每个话题上，我们给出一个问题来帮你起头。

在写下一些练习的问题之后，把这些问题应用到你自己的项目上面，注意这些问题对你有多大价值，当然了，从 1 分到 10 分打分。

舒适度

从 1 分到 10 分，对于这种方法，你用得有多舒服？

满足感

从 1 分到 10 分，这个关键的奋斗领域，给你带来多大的满足感？

里程碑

从 1 分到 10 分，你现在的发展在几分？（可能的回答：3 分）

3 分这里跟 1 分有什么不一样？

让你来到 3 分的路上，有哪些最重要的里程碑？

优先要务排序

你现在给这件事设定优先级的话，从 1 到 10 在几分？

风险

这个（沟通、挑战、项目、商业尝试等等）有多大机会能很好地做成？

练习度量式问题的一个极好方法，就是围绕着你生活中的一个重要的项目，开始问一连串这种问题。这可能要花 1 小时，或者只要 10 分钟。你可以自己做，也可以跟教练一起。

有效的练习，需要你聚焦在最想要理清的领域中。使用在本章中你刚读到的最有意思的一组问题，建立一个由 10 个有力问题组成的系列，用来帮助自己完成已经开始做的事情。用这些问题来帮你带着深深的满足感完成自己的项目。

"亲爱的艾比" 米尔顿·埃里克森练习

让我们回到本章最初的焦点上，回到深层聆听的总体价值上，让这个过程带我们去到强有力的提问那里，因为这是教练方法的核心所在。真正在无建议地带聆听，往往需要承诺用一段时间去练习。它也需要个人的觉察。

为了突出建议和教练的不同，要花点时间去看看以下的信件。你认为哪一封会为萨莉带来最好的成果？

亲爱的艾比：

我有个问题需要你帮助。我丈夫把他所有的业余时间，和我们所有的余钱都花在自己的爱好上。他无视我的需求，根本不考虑我和我的需要。我感觉非常沮丧，我觉得我的婚姻要不行了。我该怎么办？

谢谢你！

萨莉

亲爱的萨莉：

你需要发展自己的兴趣爱好，或者学着跟你丈夫一起享受他的爱好。婚姻运转良好的唯一方法，就是你要成为你自己，有自己的兴趣爱好。要学着享受你丈夫本来的样子。

祝你好运。

艾比

亲爱的米尔顿：

我有个问题需要你帮助。我丈夫把他所有的业余时间，和我们所有的余钱都花在自己的爱好上。他无视我的需求，根本不考虑我和我的需要。我感觉非常沮丧，我觉得我的婚姻要不行了。我该怎么办？

谢谢你！

萨莉

亲爱的萨莉：

我想知道的是，你觉得沮丧是因为你渴望与丈夫有更多连接，还是由于你想要你们两人的需求都得到满足？你的真实情况是什么？

当你思考这个的时候，我可以问你一些问题吗？

- 在更深的层面上，对你来说什么是值得去做的？
- 当你思考自己的目的时，最好的结果是什么？在这件事上，你真正想要的是什么？
- 要轻松地得到你想要的东西，你需要成为什么样的人？
- 这样一个人会有哪两种品质呢？
- 你如何自然而轻松地获得这两种品质？
- 为了最好地处理这种情况，你最开始可能去做的是什么？
- 你还有哪些其他的解决方法可以用？还有哪些步骤？
- 第一步怎么办最好？
- 你什么时候去做？

回答这些问题可能有点难，但也只有你知道如何真正得到你想要的东西。你内心有所有的答案。

致

礼

米尔顿

你认为哪封信能给萨莉最大的支持？有些时候人们会感激别人告诉自己去做什么，他们觉得这更容易，但这很难支持他们获得持久的改变。要接受米尔顿信里所说的，萨莉需要站出来，投入她全部的头脑和心灵。需要说明的是，没人说过教练对客户来说是容易的。我们说的是，对于长期的、可持续的改变，教练是最有效的。

你准备好来玩"亲爱的艾比""米尔顿·埃里克森"这个游戏了吗？做这个练习，你需要找个搭档。

这个练习最初是埃里克森学院的培训师理查德·海姆斯设计出来的。通过有力的提问，人们会对教练方法的意义建立起基本的领悟。

每人选个角色，轮流进行。

1. A 想一个挑战；
2. B 表演"亲爱的艾比"，针对 A 的挑战说 5 分钟。B 要给出他们能够想到的最好的建议。

- 你应该做……
- 你可以用……来处理这个情况。
- 处理这事的唯一方法是……
- 我认为你应该……
- 我的朋友曾经遇到过跟你一样的挑战，她是……做的，这对你有用吗？

3. 5 分钟以后，A 说出同样的挑战，B 要像米尔顿·埃里克森那样去做，像他已经拥有成功所需的资源一样来聆听 A。然后 B 问 5 分钟开放式的教练问题，如：

- 在这种情况下，你真正想要的结果是什么？
- 为什么这些结果对你很重要？
- 在你就这些事情的重要性从 1 到 10 打分的时候，你注意到什么？
- 你如何开始去达成你的目的？

还有哪些方法让你可以获得自己想要的？

如果客户卡住了，使用中国菜单方法可能会很有价值。要确保你的语调是温暖的头脑风暴语调，不干涉对方选择的方向。

4. 当你作为 B 角色问了 5 分钟问题之后，就停下来，邀请 A 来分享他们跟"亲爱的艾比"谈话的感受。相对的，问他们跟"米尔顿·埃里克森"对话的感受。即使你们两个都已经从外面知道了这两者的区别，但有时候真的去做，去讨论感受会带来令人吃惊的意义。你的搭档是如何看待这两种方式的区别的呢？

5. 如果你们有时间，就转换角色来做。你注意到什么了呢？

这一章里有很多实用的工具。有些人可能会很快跳进去练习；有些人可能会尝试几个工具，之后就回到旧习惯里去；有些人会把本章当作参考，逐渐地去练习并应用这些不同的方法；还有些人甚至会找到不同的方式去探索，将教练的方式和强有力的提问结合起来。

我们邀请你找到自己最好的方法，去整合最有用的技术，问出强有力的问题。客户的内在智慧就像放满了珍宝的百宝箱。当你学会使用本章以及后面几章的问题时，就会帮他们找到自己内心的智慧。

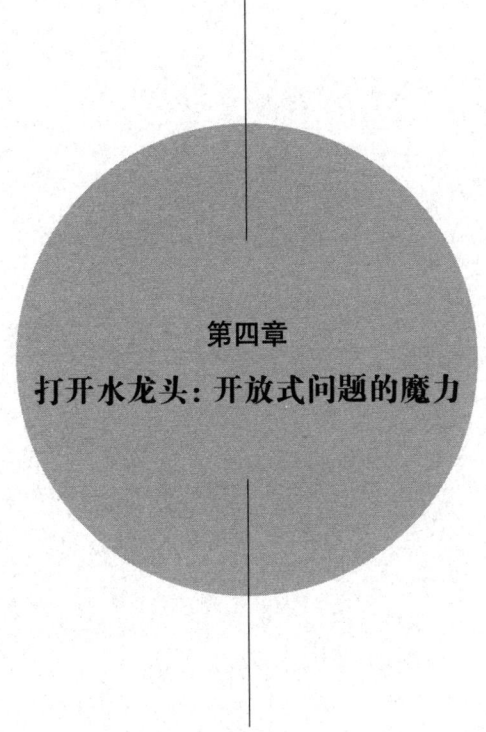

第四章
打开水龙头:开放式问题的魔力

智能并非知识,而是深不可测的真相之本源。

——约瑟夫·克林顿·皮尔斯

🐦 封闭式问题只有是/不是，或非此即彼式的答案，倾向于关闭对话。开放式问题鼓励人们去深入思索。可以自由而开放地回应这些问题，因为回答开放式问题所需要的思考层次与是/不是，或非此即彼的回答截然不同。

坐在门廊上的爱因斯坦

为了写一篇题为《伟大的科学家所提的伟大问题》的专题报道，一位科学杂志的记者打电话向阿尔伯特·爱因斯坦约采访。爱因斯坦答应了。记者来到爱因斯坦家里时，已是白日将尽，他发现爱因斯坦坐在自家门廊的摇椅上，抽着老旧的烟斗，看着夕阳。

"爱因斯坦博士，我只有一个问题，"这个聪明而紧张的年轻记者，拿着个笔记本说，"我们想对每位科学家提出的一个最关键的问题是，一位科学家所能够提出的最重要的问题是什么？"

爱因斯坦坐在摇椅上，眼神闪烁着。老科学家向后伸展了一下，想了10分钟，说："这是个好问题，年轻人。值得严肃地回答。"说着话，爱因斯坦开始慢慢地摇动椅子，抽抽烟斗。他继续沉默，又深深地思考了几分钟。记者就等着，期待着听到一些重要的数学公式，或是量子理论的假设。

而记者得到的问题，却让这个世界从此开始了细细的思索。"年轻人，"爱因斯坦沉声说道，"任何一个人能够问出的最重要的问题，就是：宇宙是不是一个友善的地方。"

"您这是什么意思？"记者问，"最重要的问题怎么会是这个呢？"

爱因斯坦庄重地答道："因为对这个问题的回答决定了我们如何去生活。如果宇宙是个友善的地方，我们就会花时间去搭建桥梁。否则，人们会用尽一生筑造高墙。这，取决于我们。"

这个故事说明爱因斯坦在晚年对于好问题的看法。从这个例子中，我们也看到了开放式问题的力量。爱因斯坦的看法表明，一个有力量的问题如何能够使人们超越旧有的思维习惯，进入广阔的心脑合一的连接之中，将愿景和价值观连接起来。

好问题的性质

当别人提出一个好问题给我们时,我们会立即注意到内在的反应——内啡肽开始涌出,想法开始闪现,我们变得好奇,开始在新的层面上思考。问题让我们进入搜索状态,而搜索引领我们来到一个独特而有价值的领域。我们都有能力去扩展思维,去思索对自己来说真正重要的是什么。

大部分问题却没有这个作用。上一章里我们知道了背后的一些原因:提问的人可能是带着教导、评估或者指挥我们的目的。而那些可能导向过去的问题,会让我们去解释、辩护或合理化自己过去的选择、想法及结果,这类问题常常让我们思维混乱。又或者,很简单的"为什么—因为"式的问题,会将我们带到过去。或是把我们带到现在要做的具体行动中的问题,例如"能把盐递给我吗?"也是没有作用的。

好问题有着一致的结构,你可以学会反复去使用。你可以从关于好问题的书里面列出一个问题清单,当然了,本书也会列一些。但是,列出这些好问题只是要给大家一些提示。在每次不同的教练对话的情况下,这些问题可能会有用,也可能没有。

本书要给大家比一张有吸引力的问题列表更有用的东西。我们的目的是,通过敞开的聆听和开放式的提问,训练你提出有力问题的策略,找到真正能够支持客户的成果的问题。"开放式"也是一种态度。我们对于视觉想象和发现的过程也可以抱以开放的方式。宽泛地说,我们可以拥有开放式的、欣赏式的语调。对"保持开放"的理解,会增强以开放式的成果导向的方法的力量。

好问题是开启了真正的探询之流动的问题,其被认可的本质是:好问题的设计吸引了我们,让我们开始思索,从而在自己的生活中找到自己的答案。这会帮助我们构建自

> 好问题的设计吸引了我们,让我们开始思索,从而在自己的生活中找到自己的答案。

己的内在觉知，为生活加入个人化的意义和知识，从价值观出发去过每一天的生活。好问题指引我们去决定自己最深的意图，最棒的未来。

开放式问题的力量

要继续强有力问题的探索，探索其结构非常重要。学会如何让任何问题变得开放以激发想法的流动尤其有用。这就好像打开水龙头，我们可以问打开细流的问题，也可以问启动喷泉式的有巨大影响力的问题。

多种喷泉式的开放式问题是本章的主题。通过不断地、有目的地留意那些打开思路的方法，开放式问题会在各个方面创造出觉察的流动状态，这就是开放式问题的力量。换句话说，有的问题积极推动探索往前走，有的则不是，而每个人都能够系统地分辨出二者的不同。价值观与愿景的连接是一门科学。成果导向的教练的意思，就是发现如何打开涌动的思想之闸门。

实践本章中的练习，你会很快学会有效的教练方法。即使只好好地练习三个星期，你也可以成为开放式提问的艺术家。你会看到，自己很快就可以衡量自己提出的问题的影响力了。

开放式问题与封闭式问题

回忆一下上一章的内容：导致给建议的信念是人们不完整、没能力、没有所需的资源去选择下一步。"告知"通常用来让人们改正一些东西，这样就没有用到埃里克森的原则：人们是完全 OK 的。这样也无法很好地长期支持到他人。

与此相反，开放式问题会激起好奇心、资源状态和深层思考，打开通往内在学习的大门。最重要的是，有效的开放式问题会给这个人一个机会，超越旧有的小鬼或恐惧（尤其是对梦想的恐惧），同时超越所有关于生命的、关于他们

> 有效的开放式问题会给这个人一个机会，超越旧有的小鬼或恐惧（尤其是对梦想的恐惧），同时超越所有关于生命的、关于他们自己的限制性理论。

自己的限制性理论。这会让人们自己的完整洞见浮现出来，让有用的解决方案出现。这种方法能够很好地长期支持到他人。

封闭式问题只有是/不是，或非此即彼式的答案，倾向于关闭对话。开放式问题鼓励人们去深入思索。可以自由而开放地回应这些问题，因为回答开放式问题所需要的思考层次与是/不是，或非此即彼的回答截然不同。

开放式问题邀请人们放松下来，深入内在，聆听自己，清晰自己的看法。开放式问题带人们离开限制性的、非此即彼的思维循环，离开评判和局限。这样，人们就开始分享自己的深层次思考，发现创造性的想法，燃起学习和灵感之火。

开放式问题往往会温暖人心。它会唤起有灵感启发的精神状态，去发现、洞察、承诺和行动，而不是聚焦在过去的挑战之上。当人们习惯了聚焦于未来时，开放式问题就会激发出他们想要的有力量的画面，带人们进入鲜活的愿景之中。

> 开放式问题展示了对人的尊重，因为开放式问题带着这样的期待：人们有能力找到自己的答案。

对教练而言，开放式问题展示了对人的尊重，因为开放式问题带着这样的期待：人们有能力找到自己的答案。这样的赋能方式暗示的是：客户有解决方案，有力量和资源以自己的方式行动并做到。从这样深深的尊重和信任出发，人们确实会发现他们自己的答案。

开放式问题的语调

强有力的开放式问题通常会有温和的措辞，会邀请客户进入问题，深思后再回答。一个有力量的问题，如果没有温和的措辞，不是开放式的问法，没有好奇的语调，那么这个问题可能被看作批评或是操控，引起对方的自卫反应，这样，问题就无效了。

语调是沟通信息的一部分，非常重要，尤其是在提问事情的核心问题时。柔和的、支持的语调会最小化激起对方防卫反应的可能性。对方的超意识接收的总体的信息应该是这样的："这个人关心我，她希望我参与进来。她说的是我的议题，我信任她。"

打开：发现选择

当我们问出有穿透力的、无评判的、成果导向的问题时，那些没有说出口的，或者没有意识到的重要事务就开始变得清晰了。随之而来的，人们会超越习惯性的思维框架，用不同的方式，更深入地思考自己的状况。这时候，他们会发现心中驱动着自己的愿景、价值观和选择的内在吸引力。

如果解决方案和行动完全由客户自己的头脑和意愿发出，他们就会学着对自己的行动和想法负起百分之百的责任。只要解决方案主要是客户自己创造出来的，那么就无须怀疑他们的主人翁心态。

这会帮助人们打破寻找建议、让别人告诉自己怎么去做的旧习惯。如果人们没有机会去找出自己的答案，那么他们就不会有主人翁的心态。无论结果好坏，人们都不会为结果负起全部的责任。

总的来说，当你想要达成以下结果的时候，要使用开放式问题：

- 引发想法、投入和建议，创造出人们更高水平的投入、参与、可信度和责任感。
- 帮助人们理解自己过去所扮演的角色及其结果，并帮助他们达成更好的成果。

- 训练人们去审视自己的思维过程，他们自己创造的旧有的理论、方向和推论。
- （通过谨慎的措辞）将对话的焦点从过去转向未来。遣词造句时，不要继续用受限制的表达方式，将注意力转移到发现解决方案、可能性和创造性的灵感上面。

使开放式问题更加开放

设计强有力的开放式问题是门艺术。练习去感觉问题的兴趣层次是一种简单的学习方法。如果做一个从1（一点点开放）到10（尽可能地完全开放）的度量尺，你可以看到如何打开内在兴趣的水龙头，让它从滴水到奔流。图4.1中说明了如何构建开放式问题，达成转化式的改变。

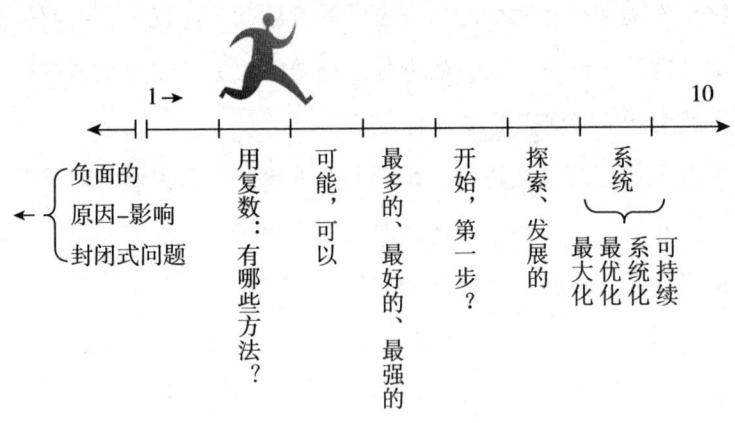

图 4.1　开放式问题线

下面是一个列表，看一个简单的问题是怎么样在这个连续的线上变得更开放的：

- 负面的：为什么我就没有足够的时间？

- 封闭式的：有没有方法让我创造出更多时间啊？
- 开放式的：我如何为自己创造出更多的时间？
- 更开放的：有哪些方法能让我为自己创造出更多时间？
- 聚焦的：哪些方法最好呢？
- 系统思考：有哪些方法，能让我最大化地使用自己生命中每一天的时间？

还有很多额外的东西可以提高问题的兴趣层次。一个稍微延展了客户的价值观基础的提问，会激发他/她更浓厚的兴趣。这个人就会开始考虑最好的选项，或者更好的选择。

找一件你自己的事务，提问自己下列问题，对这个方法加以探索：

1. 使用"可能"、"可以"等词语，是打开并扩展对一个潜在选择的兴趣的一种方法。例如，把"你将要怎样更深入地探索呢？"变为"你可能/可以怎样更深入地探索呢？"

其他的例子：
- 你**可能**怎么样去学习更多呢？
- 在这个任务中，你怎么样**可以**找到更多的价值呢？
- 你**可能**去找谁来支持你呢？

2. 另外一个方法就是用复数形式提问。注意，人们对几个结果比一个结果更感兴趣。

- 你可能从做这件事当中学习到东西的方法有哪些？
- 在这种情况下，你想要的一些有用的结果是什么？
- 长期来看，从这个选择当中获得价值的方式还有哪些？

花时间玩一下，转换下列开放式问题，可以使用"可以"、"可能"等词语，或者就用复数，把它们变得更加开放。在你自己的事情或项目上尝试使用它们。看看这些问题是否鼓励你去深入地思考。语言的转换是否提高了兴趣程度，让你对结果更有兴趣呢？

- 从做这件事当中你会学到什么？
- 在这种情况下，你想要什么？
- 接受这个任务，你的能力将会得到怎样的提升？
- 在完成任务的过程中，什么会激励你？

3. 在开放式问题中加入很好、最好或者最重要这样的词，可以带来更大的力量，让问题更聚焦。注意，对前述的例子，我们可以把水龙头开得更大，让它们更开放、更有力。例如：

- 从做这件事当中，你能学到的一些最好的东西是什么？
- 在这种情况下，你想要的最重要的东西可能会有哪些？
- 有哪些最好的方法，让你去做长期的承诺？

4. 探索更大的动词范围，开始探索使用开放式的动词，尤其要用表示持续不断的流动的进行时时态的动词，以创造出移动的效果。动态的总是比静态的更加开放。（英文中 –ing，表示连续的动作，以下译为"持续"或"不断"——译者）试试这些词：

- 持续发展　　・持续学习　　・持续激励　　・持续清晰
- 持续成长　　・持续创造　　・不断展开

以下是一些可能的问题举例：

- 有哪些最好的方法，可以让你不断发现自己这方面的力量？
- 对于这些提问的方法，你会怎样开始持续学习更多？
- 你想到哪些好方法让自己不断享受这个过程呢？

使用列表中的动词，或者你想到的其他词，用开放式问题的模板，来造更多句子。确保问题非常清晰，并且像激光一样聚焦。加入很多不必要的词，会阻碍有效的沟通。

5. 现在可以引入系统思考了。系统思考，就是考虑一个可行的整体系统的性质，而不只是看子系统。系统导向的方法会提升你开放式提问技巧的有效性，扩大问题的影响力。

我们希望激发一种整体系统的观念，而合适问题的设计就是为了激发视觉画面的，好比火柴点燃引火物一样。这里的系统可以是任何与客户的约谈成果相关的整体系统。例如，你的一生是个整体系统，你的身体、家庭、街坊、城市以及国家，都是一样的。一个音阶是个整体系统，几何图形中的圆形或者正方形也是。从1到10的数字范围，可以说是一个整体系统。你还想到其他哪些整体系统呢？可否创造一些并宣告出来？

在你的选择系统中，你可以提问最大化价值的问题，以强化任何方法的作用。如果问题是用来创建获得最佳结果或最大价值的行动的话，就会激起你强烈的兴趣，去探索相应的方法。通过使用最大化的词语（最好，最棒，最出色），你可以吹起风，鼓满开放式系统的风帆，有力地朝着选择的系统航行。

例如，想想以下这几个问题：

- 如果你从1到10分，给这些选项打分，哪个是最好的结果？
- 想象一下，你可以在一本书里读到自己一生的故事，真正逐章地探索自己的生活。你会有哪些很棒的方式来使用这本书，最深地理解自己生命的全部意图呢？即使就在今天，你怎样能够开始加深自己对（生命中）某些小的部分的理解呢？

- 要是你明天早晨醒来，发现夜里有一场神奇的风吹过一切，刮走了你生活中所有负面的东西，那会是怎么样的呢？所有关于你自己的，关于你生活中某些方面的那些旧的玩世不恭的想法都刮走了。你突然发现，在真正的快乐之中，完善自己天生的内在技能是可能的。有哪些很棒的方式可以让你开始据此调整自己的生活？

"开放式问题线"练习

要探索开放式的思维和提问，你可以在地板上放一条线，2米到4米长，或是从一面墙到另一面墙拉一条线，用记号笔或者胶带标示出来。一头代表1到10分中的1分，另一头代表10分。

想一个你的关键的项目，问自己一个关于拿到成果的问题。注意你提出的问题的初始形式，看其开放程度或者封闭程度。这样的观察，会逐渐训练你的开放式提问能力，成果导向的教练们都是这样提问的（你会学到如何去与个人客户同步，并引领他们进入自己的开放式思维层面上）。

我们来一步一步举例说明。假设你注意到自己因一种惯常思维过程感到沮丧。例如，有时候你会对自己说一些泛化了的、封闭的、负面的问题：为什么我赚不到钱？

1. 如果你以这样的思维方式开始对项目提问，那么就可以将这个问题置于这个开放式公式的1分位置（注意，任何问题都至少要从度量尺的1分开始，因为问题会比任何不带度量的表述或结论更开放些。说"我挣不到钱"将会关闭思维，而你只会成为自己想法的访问者）。

注意，这个刺激性的问题是"为什么—因为"式的抱怨之词。这种形式本身会自动地让提问者找出为什么不是这样的理由（或者借口）。对很多人来说，这样的问题会引发内在对话，他们内心的批评者会去回应任何随挑战而来的想法："因为你真的没能力，要么就是因为你没有下对功夫，再或者，就是你实在是太笨了！"

现在，在开放式问题线上向前迈出一步，就用赚钱的例子，探索如何将关于这个主题的问题变得更有用。

下一步可能是什么呢？

2. 看一下这个改进后的问题："为什么我总是苦苦挣扎，才能勉强维持生计？"

虽然这个问题仍然是"为什么—因为"式的问题，并且仍然聚焦在原因和过去，但是你已经将其转为正面的表述形式，打开了一丁点的好奇心。你再次在意识上去寻找原因，编辑自己已经建立起来的负面理论。

3. 接着用赚钱这个例子，在开放式问题线上前进一步。现在这个人可以问："我如何能够赚更多钱？"

这样，我们就明确地问出了一个基本的开放式问题。注意，这个真正好奇的问题，会帮助提问者去查看各种可能性，并立即开始让你以真正开放的方式去思考。开放式的流动由此打开，小的流动开始之后，负面的论断和恐惧的表述仍然可能随时出现。

4. 现在，先前的几步如何能够引领我们到开放度的另一个层次呢？想想我们之前用过的一些例句，在其中加入一些开放式的助推剂，比如"开始"或者"首先"。开始做任何事情，对人们来说都是最具开放性的时间点。例如，"有哪些方法能让我开始赚些钱呢？"

你有其他哪些方法来增加开放程度呢?

5. 你如何能够从先前的步骤开始,创造出强有力的进展呢?如果你记得的话,我们可以加入像"很好"、"最重要"、"最好的方法"这些最大化的价值词汇。这些好奇心的助推剂会抓住注意力,将我们带入内在的模式中,我们用这些模式来纵览各种选项,选出引起最强反应的那一项。例如,"哪一种很好的方法能让我开始赚钱?"

6. 现在探索一下复数的力量:"有哪些很好的方法能让我开始赚钱?"或者更进一步,"有哪三种很好的方法能让我开始赚钱?"

7. 再进一步加入系统方法。我们可以这样问:"我可以用哪些很好的系统,开始快速最大化自己赚钱的能力?"

8. 在这个点上,我们打开了使用系统的大门,系统发展出来是要扩展所有可用的系统性框架的。这就意味着,我们将力量转移到了多种选择上,去尝试各种各样的视角。我们也可能创建一些框架,以涵盖不同的视角。看下面这个例子。

我在一年之后的今天(说出年份和日期),已经完全掌控了自己赚钱的能力,我采用一些策略式的方法来使用自己的能力,真的建立起了一套产生结果的系统。

- 我曾经考虑过的一些选项是什么?
- 我用了哪些(如,10种)最好的方法?
- 哪三种方法是最好的,使我得到今天的所有?
- 在这个未来的时间点上,通过同事、朋友、家人的眼睛来看自己,我会注意到他们眼中的我有哪些品质？
- 当我从未来往回看，我看到哪些里程碑式的学习和冒险？
- 当我漂浮起来，看到整个历程——从此刻到未来，我已经有所成就的时间点——我看到自己采用的最好的、最大程度地利用机会，培养自己的赚钱能力的方法是什么？
- 我现在要采取哪些行动，来进一步清晰自己想要的未来？

对你自己最顽固不化的两个内在抱怨来做这个练习——例如，钱，特定的关系，创建事业，开始一种健康的生活方式，提升教练技能等等。如果你能够跟自己做这个练习，就能学会如何以一个开放式提问的专家的方式去思考，并且很快地为他人的生活带来巨大的不同。持续练习下去，你在教练方面就会逐渐精通。

在这个练习中，我们只邀请你在自己这条线上从过去的封闭式想法走到7、8分的开放度，然后猜想线的尽头怎么样吧。我们会展示给你一些有力量的方式，来推进到下一层次很棒的开放式提问方法。对你自己和客户来说，花时间在这方面有几个原因：在将注意力开放给强有力的问题的同时，你实际上是在建立神经系统的快速通路。你是在发展内部的系统，需要建立思维及大脑的灵活性，以回答这些问题。

随着持续的练习，你会学着更深入到自己的创造力中，深入思考能力也会增强。对于你的客户和团队来说也是一样，帮助他们建立深入思考的能力，一步一步推进，在任务结束的时候自然而然地停下来。充满好奇地跟随主题的流动而推进，每个问题只往前进一步，留意这个问题对他们是否有用。

从教练位置提强有力的问题

我们说过，提问开放式问题可以在对话中建立信任。开放式问题能够支持人们有机会产生自己的洞见和解决方案。当你问出当下最开放的问题，推动客户走向自己的成功时，就是在做高效的教练了，你能够很快地进入事情的核心，支持人们开始透彻思考自己的深层目的。

> 在提问有力的开放式问题时，少即是多——紧跟一个议题发问，每一次只提及一个挑战，使用尽可能精练的语句，让问话干净、有效。

把开放式问题有效地运用在任何对话中，就能引发对方更深入的认识，使人们有效地从新的角度理解现状。开放式问题是真诚的，体贴的，是源于对对方的洞见或解决方案的由衷兴趣。开放式问题是干净的，直达对方，没有什么东西暗含在问题中。在提问有力的开放式问题时，少即是多——紧跟一个议题发问，每一次只提及一个挑战，使用尽可能精练的语句，让问话干净、有效。

一般而言，由于开放式问题有力而简明，问题之后通常会是长时间的停顿，或可贵的沉默。作为转化式的沟通者，你要学着对这种沉默感到舒适，因为它使得人们能够问自己什么是最重要的，并且向内倾听他们自己的答案。沉默展示了你的关心，和对深深聆听对方的真诚的兴趣和承诺。

随着你自己在教练位置打开头脑和心灵，提问开放式问题，去开启客户的头脑和心灵，更大更好的可能性会浮现出来，支持到客户在生活中成为（Being）更多，做到（Doing）更多，拥有（Having）更多。与此同时，你也在学习用教练的方式，为自己创造最大价值。教练方法中令人兴奋之处是，当你为他人保持一个开放的空间时，就会以从未梦想过的方式，间接地得到回报。开放式提问的力量让你立即就能获得。

第五章
具有转化力的秘密语调

有一个自我的真实……你真正的自性。它的本质就是永恒的觉知……它永不停止体验,体验那无限的表达。它是坚定不移的。它就是灵性本身。

——商羯罗(Shankara,印度经院哲学家)

🐦 我们来试试这些有力的语调吧。这些语调可以将你以及和你对话的人从简单的、非此即彼的思维框架中解脱出来，可以常常使用它们。

隐士汤米的故事

我身处高高的树形仙人掌、巨大的圆石和崎岖的山峰之中，沿着蜿蜒的小径翻山越岭，从开阔地一直深入到陡峻的峡谷之中。背着一只小背包、一个大水袋和一幅翻旧的地图，我在北美洲内华达乡村的迷信山脉里，在与世隔绝而又令人惊叹的荒野中过了三天。已经有两天没见到其他人，又到了找营地的时间了，我要在野外过第三夜。我拐进一条曲折的小道，向800多米外一片崎岖的长满树的山脚前进。

一进入这片地方，我惊讶地看到大大的白色圆石整齐排列在道路的两旁。穿过一篷树枝，我走进了一个井井有条的营地，几顶帐篷，还有火堆。仿佛到了什么人家里了。

一个非常矮小的男人向我走来，他眼睛大大的，笑容温暖，胡子花白，只有小矮人那么高。他从长长的灰发绺间仰头看向我。"汤米是我的名字！"他伸出手。

我多少被他的仪态震惊了，更别说他的个头和外貌了。我像约见一样介绍了自己。他选择将我的出现当作快乐的惊喜："你是我十年来头一位客人，"他宣布，"要跟我一起用晚餐吗？"

荒野深处，两个彼此感到相当意外的人坐在火堆旁，吃着豆子，喝着咖啡，很高兴见到对方，这事太令人惊讶了。我放松下来，听着汤米的故事。他说自己15年来都在搜寻失落的荷兰人金矿。"看到山上那些洞了吗？"他对自己的成果非常自豪，"还没找到失落的荷兰人金矿，但是我会找到的。挖这片地方就对了！"

他很健谈，并没有问多少关于我的事，而是一个接一个地讲故事。他给我看他手抄的《圣经》的诗篇，大大的、1.27厘米的字体，这是给他在路易斯安那的母亲抄写的，她快瞎了。

"她要依靠我寄去她能读的《圣经》诗篇，"汤米说，"她还资助我探险。她每两个月给我寄张支票，我出去挖宝，给她寄一些诗。我找到金子的时候，她就能幸福地退休了。"

汤米的话让我困惑，但是我还是接受了。他的任务，和他给自己的角色，看起来完全合理。他独居的生活有着真正的作用。我想："每个人在世上都有其专属的地方。我只是碰到了一个很怪的人而已！"

我现在知道了他的事，很快他也知道了我的事：到野地旅行，这是一次短暂的"了解自己，了解这片土地，了解真正的寂静"的不眠之旅。这也让他困惑了，但他也接受了。很显然，我对他来说也是个怪人。

画面是这样的：两个怪人在一起谈话，挺满意有机会一起庆贺生而为人这件事。彼此对对方的奇怪之处都以礼相待。星光璀璨的夜，他们坐在荒野之上。一团营火，两个人，一锅豆子。彼此聆听着，带着各自完全不同的世界模式。

其实没有多少可说的，不过我们找到一种方式交流。汤米告诉我那些鸟儿、昆虫和蜥蜴的事，我听着，问他那些轻声咕咕叫的温顺的鸽子是怎么回事，它们落在他头上。"我的朋友。"他说。

我说到自己对大山的热爱，他就表现出喜悦。我听着他自豪地讲述鸟儿，讲述自己荒野中的家园。我尊敬他的精力和机智。邻居可以在任何地方都和睦相处。

我告诉他，有几个晚上，我听到野丛林狼在矮树丛中叫唤时的恐惧。他说我的回程一定会安全的。我放松地听他说旅行的窍门，感受他友好的语气。

我们谈论着高山地区能看到的令人惊奇的繁星。"是啊！"他说，"上帝一定就在这儿。"我点头称是。我们同时注意到完整性，分享了美的感受，并彼此祝福。

我钻进睡袋，确信这个古怪的陌生人是安全的，他是朋友。他回到自己的营房，有个真正的朋友到访过。我不再把他看作隐士，而是一位朋友，是我们这个大家庭的一名成员。我开始设想全世界都是朋友，无论是多奇怪的邂逅，只要需要，就付出基本的人的帮助和温暖，人们就会帮助彼此重建对自我的信心。

次日早晨，我往回走了，以后再也没回去过。汤米留在我的脑海中，直至今日。这段经历给了我一个关于人类友谊的本质的视角，是我以前从没有想过的——没有什么隐士，没有人是独活的。人性无可逃避，我们必须彼此相爱，否则就会死去。

使用教练的声音，最大化影响力

开放式的语音语调是非常有力量的，也是转化式对话中所必需的。使语音语调开放的，是语调传递出的真诚和放松的兴趣的程度。如果你曾经听过汤米的对话，就会听到这样一种语调。

在开放式的语调中，我们会听到一种带着尊重的欣赏。毕竟，欣赏就像兴趣一样。兴趣，就其词义而言，是欣赏——又会带来更多的欣赏。换句话说，欣赏意味着要发展更多。我们可以用开放式的欣赏去说话、去倾听，这样会在对话中创造出一种基调，支持洞见、唤醒的可能性以及转化的发生。

培养一系列语调

有三种有力量的语调——魔法师的语调、真朋友的语调和远见卓识的长者的语调——可以开启通往人们深层觉知的大门，让人们有能力更敏锐地欣赏他人内在的价值观和能力。这些语调是语音和声调的质量，在许多语言中，微妙的语调变化能够立即被理解。

这几种语调使用了轻快的、温暖的声音，使得客户从声音中得到振奋的体验。用开放式的语调来提问开放式问题时，总是有推动力的。

我们来试试这些有力的语调吧。这些语调可以将你以及和你对话的人从简单的、非此即彼的思维框架中解脱出来，可以常常使用它们。最重要的是，这些语调可以使人们摆脱愤世嫉俗的、充满评判的内在对话。这些内在对话武断地分门别类贴标签，制造出不好的感受。只是通过语调，人们就能够在跟你连接的时候，很容易进入到深层思考的价值观和愿景的流动状态之中。

开放式语调 1：魔法师的语调

魔法师的语调是一个很重要的教练的语调。这种声音乐观、轻快、鼓励参与，是以价值观为基础的，它将所有这些同时呈现，强健而充满热情。声音中既有对能力的期待，也有请求。伴随着问题的魔法师语调，会引发并激励充满热情的视觉画面的产生。这种声音会产生对可能性的欣赏，打开对未来的投入感。这种声音导向的是有关策略和资源的问题。

请求的功能：魔法师的语调
- 乐观的，策略式的，开放的！
（要求能力）
- 展示出热情和能量
（这种声调是好奇的，带着很多问题）
- 你是有资源的，我们来制定一下策略吧……

练习的短语

使用以下短语来练习，同时练习短语的表达以及魔法师的语调。大声说，听自己语音的品质。就想象你正在跟一名客户说话，目标是要提升客户的能量，做出有力的计划。你的声音几乎是吹着口哨，吹出充满热情的问题来。尝试用短的、热情的问题来提升能量,你或许会欢天喜地地进入这种思维框架中呢。

- 听起来你现在真的很专注!现在你看到这个进展如此顺利,接下来在这方面你要往哪里走呢?
- 嘿,现在你可找到方法了!还有什么?
- 你可以开发什么样的策略来做好这件事?
- 小心!你现在真的进展飞快啊!
- 嘿,这个让我很兴奋啊!接着描绘你的大画面吧,我跟你一起看看!
- 可没人告诉我你发动起来是这样的!你现在真的是高速运转啊!再多说些!
- 现在有了个值得考虑的方案了!继续,再展开一些,有意思!
- 看到大画面,有人告诉过你,你多有创意吗?
- 嘿,你的热情高涨啊,要小心啦!
- 听听,我就知道你是真正的学习者。就这么做!
- 你真的很有远见!用这幅画面中的细节让我眼花缭乱吧!再多说一些!
- 想象一下!你还看到自己做了什么,让这事发生?

开放式语调2:真朋友的语调

第二种语调是真朋友的语调,是在人们面临困境时,恳请他人欣赏自己的声音。真朋友的语调,是用来使人们自我宽恕旧日的错误,提供无条件的支持。这种声音温暖而开放,轻快,并且特别温柔。

许诺的功能:真朋友的语调

- 恳请人们转向欣赏和慷慨的宽恕
- 连接的,温暖、开放的,对能力的期许
- 声音是柔和的,温柔的

练习的短语

使用以下短语来练习真朋友的语调。语速放慢一些。想象你的声音中蕴含着一种温和的、鼓励人心的母亲的特质。

- 其他人和你一样，对这事可能都会有点灰心丧气！
- 你要不要翻过这一页啊？你值得给自己一些支持。
- 你介不介意先把情绪放下一会儿，拓展一下视野。未来的那个更智慧的你自己会如何支持你从这个困难的时刻之中学习呢？
- 你开玩笑呢吧？你真的为此而责怪自己吗？敲打自己会疼一点，是吧？你怎么利用这一次而往前走？
- 要不要花点时间，让你内在的那个一直用自我贬抑的方式说话的部分，给你自己的另一个部分打电话，就一会儿，听听那个从来不理这类胡话，知道你真的 OK，而且一直都 OK 的那个部分说话？
- 这是重要的内在连接，对吧？你身上这个有支持力的部分会对这些恐惧说什么？
- 难怪你觉得低落！敲打自己会影响到谁呀！谢谢你告诉我这些。现在，走出来，你怎么样能够放下这个？
- 哇！相信了那个，谁不会有这种感受啊？我很高兴你现在会谈一谈它。
- 深呼吸，一会儿你就会放松下来，愿景也就回来了。
- 这种情况下，有没有可能是你对自己不够好啊？有没有可能你现在应该歇一歇？
- 有没有可能你既是法官又是陪审团，对自己一点也不公平呢？
- 假如，事实上，你真的是 OK 的呢？假如你只是有点气馁呢？

开放式语调3：智慧长者的语调

智慧长者，就像圆润的铃声，轻柔地鸣响着新的可能性，在可能的范围内，清晰地发出最高的共鸣音。这种声调展示了领导力，是安静的感恩和庆祝。如果用音乐来形容，这种共鸣就好像是贝多芬的《欢乐颂》，其关注点在于支持人们的内在资源。这安静的调子，是具有转化力的祝福。其中有着被赐福的体验，持续的提升，以及正在展开的力量和意图。这种语调通常会在教练约谈的结尾部分奏响。

宣言功能：智慧长者的语调

- 宣称祝愿、祝福和持续的提升；
- 声音是开放的、有空间的，表达着"你是整体的，完整的"。

练习的短语

使用这些短语来练习智慧长者的语调。一旦你感觉到其中广阔的内在空间和祝福，就在将你的话语扩展到更大的范围。想象通过这种温暖的、广阔的声音，自己重新焕发生命的光彩，这声音铺展开来，如同海洋，表达着世界的欢庆之声。用放松的方式来说话，聆听你语言中的智慧。现在就试试吧：

- 只有你知道自己内在的真相，以及这个为什么对你有意义。只有你能够现在就进入自己的力量里。
- 你真的在学习！你的才能在迅速发展。你的能力将会带你走得很远！
- 你的讲话，让我看到一个极具潜力的未来。看到你开始行动真的太棒了！

- 你是一位开始了解自己领域的领袖，是坚守自己价值观、清晰自己能力的人，你的行动令依靠你的人信服。能看到你的为人，真是太棒了。

- 有些人会在教练过程中发展某一样东西，有些人会发展几样东西，还有些人会打开全部的潜能。看到你在学习如何打开全部的潜能是多么的快乐啊！

- 没有行动的愿景只不过是做梦，没有愿景的行动仅仅是在打发时间。但有些人会将二者结合起来。要小心啦，你真的开始这样做了。愿景和行动在一起，会改变这个世界！

- 意识到过去在你身后，已经结束了，这多棒啊。你是你未来将要成为的那个人。你的未来完全属于你，未来是你真正展开生活的地方。放松，享受你的梦想吧！

- 彻底地，全然地相信自己的愿景，带着真正的自我欣赏去享受你的愿景吧。爱你的愿景，它是你给世界的礼物！

练习：培养一系列开放式的语调

这个练习中，你要练习使用这些开放式的教练语调。任务是要去说，去练习，就像演员要为重要的角色试镜时，要思考透彻一样。你是要扩大自己声调和与人连接的范围。站起来，对一位重要的、很有分量的朋友说话，想象他们就在你面前。再次读出这些练习的语句，就好像不读就不舒服一样。从心里说出来，并且进入到所说话语的感受之中，发出带有该品质的声音。一开始你会感到有些傻，或者做作，不过，你会找到自己真实的声音。练习越多，你就越有能力去使用自己的声音，就像弹奏乐器一样，将他人最好的一面带出来。

第一步，练习三种语调。

留意它们之间的不同。

在跟自己的私密教练约谈中，尝试说这三种语调。然后再跟某位你关心的人去用这三种积极的语调。

- 清晰地说。
- 培养自己匹配他人的音量、语调、语速和音质的能力。要做到这一点，你需要有能力使自己的声音多样化，可以从轻柔到响亮，从低沉到高亢。
- 培养你声音中的情感范围：从平淡到激情，从质疑到宣告，从高亢到深沉。
- 如果你是在有外部噪音的环境中说话，就要与之相反，声音要更轻柔，更和缓，或更低沉。

封闭式语调：战士的语调

现在你已经探索了三种扩展式的语调，我们还要注意一种。第四种关键的语调，是封闭式的语调，功能与其他三种开放式语调不同。第四种语调的功能是维护人们的生存，克服困难。它是关于在当下采取行动的。这种内在的声音是果断的，程序化的。它要求你采取行动，去完成，生存下来。

战士的语调通常是指挥式的、直截了当的。它可能听起来尖酸刻薄，也可能朝着你咆哮。它传递的信息是非此即彼，语调是单调的。

断言功能：战士的语调

· 策略式的，指令式的，专注的，以生存为导向

- 简短、清晰——下指令
- 断言需要

例句

- 不成功,便成仁。
- 成败全靠自己。
- 没有勇气,就没有荣耀。
- 不辛苦,无收获。
- 要么就做大,要么就不做。
- 说话算话。
- 格杀勿论。
- 完成它。
- 成功并非一切,成功是唯一。
- 不许失败。
- 从沙发上起来,让你的屁股动起来。

你能看出来,这些并非温柔的语句。大多数人用太多战士的语调对自己说话,日复一日,饱受创伤。对大部分人来说,这种内在对话里充满了内在的结论。战士的语调倾向于冷酷、紧张,并且严肃,其中灌注了没有选择的紧张感。关键是要学会如何换挡,从这种紧张、强硬的内在品质转换回其他让人们放松、探索的语调上。

什么时候用战士的语调呢?房子着火,或者要进入飓风避难所,我们就需要它了。当我们需要抛下一个旧有的不必要的习惯的时候,也可能会需要战士的语调。

这种语调对生存性的行动有价值,而当你要果断地决定去完成一件和最高愿景相关的困难的任务时也可能会有用。使用战士的语调,具有举手击掌的能量,是你在充满热情地支持他人走得更远。

一些例句：

- 你已经定下行动，现在就要穿上耐克，做去吧！（Just do it!）
- 你是在正轨上，加油吧！
- OK，让我们完成它！
- 你已经做出承诺了！现在就投入去做吧！
- 加油吧，女孩！
- 是时候站出来了，告诉自己你能行！
- 准备，出发，走！

这些语句积极，具有支持性。不过，确认并了解什么时候适合使用它们至关重要。大多数人对于温暖的庆祝、转化式的语调会有最好的反应，因为这些语调会使得人们放松，前进到下一个层面。

不过，有些时候，战士的语调可以刺穿旧有的催眠。也因此，人们可能会使用战士的语调来鸣响他们内在的火警铃声。关键在于很好地了解你的客户，做那些能够支持到他们的事情。

对你自己而言，比较有用的是将战士的语调中使人软弱的部分从内在的评论中去掉，只保留在少数特别的情景中使用。比如，在你特别累，却要准备好纳税申报表格，或者赶飞机快迟到的时候，以及其他类似的时候用。

假如将不必要的、制造紧张的战士的声音丢在沙滩上或者历史中，进入生命更丰富的声音上的开放度中，让其成为一种基本的习惯是可能的吗？假如你可以真的体验到并掌握这些温暖的语调，使其成为你的一部分呢？

你会发现自己的声音是他人内在转化的媒介。就进入这个以魔法师、真朋友和智慧长者的语调所著称的内在情感领域之中吧。

我们在图 5.1 中简要总结了这些语调。

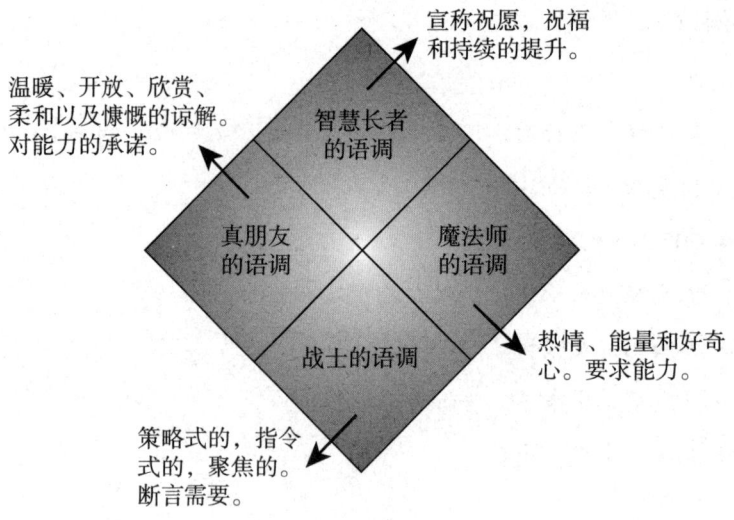

图 5.1　四种创造性语调的功能

"我爱你"练习：声音的实践

这个练习是要留意声音的品质。目的是要对日常生活中隐蔽的建议有所觉察，就像在对话、歌曲和书面材料、广告中可以找到的那些一样。这个练习会帮助你变得非常清晰和准确地向客户传递语调信息。

声音练习不是一个流程，而是简单举例说明声音的使用是如何改变对语言的感知的。

- 比较一下，当你**大声喊出**"我爱你！"时和**低声耳语**说的时候的不同之处。
- 改变重音：**我**爱你，我**爱**你，我爱**你**。你听出不同了吗？
- 音高会有什么影响？用很**高**的、**尖**的声音来说"我爱你"，然后再用**深沉**的、**低**的声音来说。
- 试试语速：很**快**地说"我爱你"，然后很**慢**地说。

- 现在尝试去用魔法师的、真朋友的、智慧长者的语调，用你在这一章中体验到的这几种方式来说这句话。聆听弦外之音，以及其中的信息。然后再用你想要用的方式，对你爱的人说这句话。

随着我们对自己可以使用声音的方式变得有所觉察，我们的聆听技巧也会改善。这种改善会让我们变成更强有力的沟通者。当我们在一个真正的深度上去聆听，不仅使用言辞，还包括声音，我们就能够发现，最美丽的沟通发生了。

当你传送这些话语时，是否能听到体贴？

现在你是否感觉到兴奋？

你念这些句子时，这种感觉是否在增强？

分享这些技巧令人兴奋！随着对超越了语言的沟通变得更加敏感，我们也更加能够通过匹配语调和声音风格而建立亲和关系。

去实践本章的练习，直到你对自己在使用声音时透露的声调、情绪和感觉有了控制感。

第六章
框架和承诺的力量

如果你认为自己能,你就能。如果你认为自己不能,你就不能。

——玫琳凯·艾施

如果你相信什么事,那就不需要证据。如果你不相信,任何证据都不够。

——佚名

你选择问他人或自己问题的质量，取决于你的参考框架。在半空或者半满的框架之中，有一些固有的问题，这些问题会将你的想法导至某个方向。

米尔顿和小牛的故事

一头较大的牛犊退到谷仓的角落里,不肯出来和牛群在一起。三个男孩试图用绳子绕到它脖子上,拉它出来,但这是头健壮的小牛,比男孩子们都要强壮。男孩们使出最大的劲儿拉呀拉,但牛犊使更大的劲儿往后拽,四蹄完全插进泥地里往后靠。两方势均力敌,僵持不下,男孩们怎么使劲也没法把牛犊弄出来。

三个男孩中的老大,米尔顿,有了一个主意。另外两个男孩在拉的时候,他绕到谷仓的后面,从墙缝里面伸手去拉牛尾巴,把它更往墙角里拉过去。牛犊立即向相反方向冲过去,穿出门走向了自由。

牛犊的反应是:向任何拉力的相反方向移动。观察到这个,以及任何人身上的其他习惯,就能够让我们思考,以灵活的方式去讨论、探索、引发兴趣,推动人们朝着自己想要的改变前进。

什么是框架?什么是换框?

"创造有力的成果"是一种技巧,拥有并使用这种技巧是任何一贯高绩效的人和其他人的区别所在。"框架"是选择如何看待一个情境的技巧。其实你也在创造性地选择这个情境的"意义"。你参考的框架和选择的意义,对于你之后的决定和行动有着巨大的影响。例如,一个耳熟能详的框架,就是看一杯水是半空的,还是半满的。

是你选择了自己的框架。是你决定了一个情境是半空的,还是半满的。如果选择了半空的框架作为意义,你看的就是少了什么,继而吸引更多的"半空"状态来到生命中,这是因为你思维聚焦的方式是这样的。选择了半满的意义框架和思维框架,你选择的就是奏效的部分,和拥有的部分,并以此作为前进的基础，继而会吸引更多奏效的部分。你会更喜欢哪一种呢？满，还是空？

我们都知道那些困在半空思维中的人们的例子：

- 为金钱所困的女士，选择关注付账单有多么困难，而不是关注自己生活富裕的愿景，不去关注她可以做什么来增加收入。
- 小朋友不看自己已经有的玩具，只想要其他孩子的玩具。
- 总是在批评的老板，老是抱怨那些做错的事，从来意识不到那些做对了的事。
- 选择受害者姿态的男人，认为他被错待了，聚焦在他是如何被妨碍的。

大部分人都学过分析的思维方法，学过解决难题，而伴随这些的，是对一个状况中的错误、不正确之处的关注。虽然分析问题在我们的思维中根深蒂固，但是要得到想要的东西，它并不是最好的方式。只要我们还聚焦在出问题的地方，**难题本身**就会成为头脑中的一幅画面。长期的问题思维，会带来不好的感受，而且我们在生活中会把更多不好的状况和感受吸引过来，制造出来。（注：本段中的"问题"原文为 Problem，问题，难题）

你选择问他人或自己问题的质量，取决于你的参考框架。在半空或者半满的框架之中，有一些固有的问题，这些问题会将你的想法导至某个方向，它们可能对你有用，也可能没用。你可以选择性地使用问题，这些问题会让你用某种框架去思考，可能是将杯子倒满，或者把它倒空，抑或将杯中物和你渴望的其他东西混合起来。其实，探索你的渴望也是这情境中的另一种框架："我想要一个空杯子，还是满的杯子，又或者是其他的混合饮料？"这些都引导着我们对目标的不同选择。（注：本段中的"问题"，原文为 Question，问话，提问）

通常人们不会停止有意识地思考他们在某个情境中使用的框架。人们的思维和感受是自动化的，而且他们相信这是自己没法控制的。那么，一开始杯子是半空还是半满的思维过程到底是怎么来的呢？它是如何成为人们习惯性的参考框架的呢？

"谁倒满了这个杯子？谁没倒满这杯子？为什么这个杯子在那儿？这一切为什么会发生"等诸如此类的问题，真的能把我们绕得晕头转向。这些框架，虽然能提供信息，而且也有意思，但是会将你带入混乱之中，它们不是具有转化力量的教练方法的核心所在，因为这些框架没有直接关注成果。教练方法的核心是从这个关键的问题开始的："你真正的目标是什么？为什么把精力投入在这个目标上真的这么重要？"

成果思维

发展一个关于未来的鼓舞人心的愿景是达成目标的关键，因为只有视觉化能看到的东西，你才能够建造出来。所有事情都是先在思想中发生，然后才在现实中实现的。总是在头脑中保持一副成果导向的地图的能力，会把人们带到他们渴望的未来。这是教练的魔力开始启动的首要步骤。

无论大小，为了达成任何的目标、目的，你要做的第一件事就是确定你想要的具体是什么。你需要为渴望的成果创造一幅清晰的、鼓舞人心而又基于价值观的愿景图画。这个愿景图就是参考点，为有转化力量的对话提供导航的方向。

如果你是教练，要注意的是，人们都想被激励到自己的未来所指引，而不想被阻止他们前进的过去所控制。对你自己来说，通过描绘独特的梦想，你就能够有创造性地朝着它前进。要开始前进，你必须清楚教练方法的四个关键方面：

- 你现在在哪儿——你的现状；
- 你想去哪儿——你渴望拥有的状态；
（聚焦在这一点上最重要）

- 从现状前进到想要的状态，你需要的资源；
- 要缩小现状和渴望的未来的差距，你的行动计划是什么。

成果导向的教练方法中，这种性质的成果思维是每段对话中方向和目标的基础。聚焦在成果之上，你就会支持人们（或自己）有意识地燃起热情，对目标和目标之上更大的鼓舞人心的目的更有热情。你会帮助人们获得大愿景的画面、宏观的图景，然后再关注小的愿景，穿越所有重要的挑战。就像我们描述过的，设定教练的焦点是第一步。然后，再一起去设定合约，一步一步去做那些你认为很重要的事情。

一幅精准的地图，自然会标明要到达的目的地，和你所要经过的路程和检查站。与此类似，关于你渴望获得成果的鼓舞人心的愿景画面，是达成目标的关键。想象出那些步骤，这对达成目标至关重要。这样，你就很自然地明了了达到目标所需要的过程，并对有可能发生的意外事件，保持开放度和弹性。

转化式的沟通者会使用成果导向的方式来支持人们评估自己是否走在正轨上，是否在关键的步骤上采取行动。被支持的人会探索达成目标所需要的每一步。教练会鼓励客户去创建支持体系、第二方案，以及制订必要时间紧急预案，鼓励客户拥有不可阻挡的心态，以应对旅途中出现的任何事。

换句话说，一旦教练对话支持一个人明了了他/她想要什么，接下来就是支持这个人在头脑中清晰地保持着这份愿景，同时决定和评估所有达成愿景的步骤。

为问题找到优雅的解决方案

从外界寻找新鲜的信息输入至关重要。听起来自相矛盾，但我们需要知道那些自己不知道的事。

——约翰·高

想象你碰到一个意想不到的复杂问题，需要快速找到解决方法。这是以前从没遇到过的情况。你的处理方法会是什么呢？大部分人会聚焦在问题上，问一些诸如此类的问题："为什么我有这样的问题？我怎么做才能摆脱这个问题？你确定这是我的问题吗？是别人的也说不定呢？"

在你意识到之前，这个挑战每时每刻都在变得更大。你的注意力和努力都聚焦在如何克服这个难题上。而且，因为无论你把注意力聚焦在什么上面，你都会得到更多，所以你是在吸引更多的难题过来。同时你开始感觉到自己更不容易找到一个可以接受的（更别说是优雅的）解决方案。

当聚焦在难题上，而不是渴望的成果上的时候，你会深深卡在难题中，就像被吸进流沙里一样。有些人会穿着铅做的靴子走进流沙之中。而能用来达成结果的最为有力的框架之一，就是从问题（我不想要 X）切换到成果（我想要的是 Y）。这会立即转变你的想法和感受。

本书会展示给你在对话的一开始就聚焦成果和优势的技巧。你可以通过问目标导向的问题来掌握这些技巧，这些问题可以增强视觉化的能力。到了书的结尾，你就能够使用如下的成果导向方法了。

将聚焦点转换为积极正向的。检查你的优势，可能的合作以及你的资源。

找到通往成果的起始点。使用度量式问题，例如，"我怎么样能往前进一步，从 3 分去到 4 分的清晰度呢？"或者"假设我体验到开始获得成果了，我会做什么不同的事情？"

构建成果。问关于渴望的状态的问题，比如："**在这种情况下，我真正想要的是什么？我的最高的目标是什么？我能够达成的最好结果是什么？**"为了达成这个结果，需要做哪些不同的事情？花时间为这个成果创造一幅愿景画面，看到你自己已经拿到了结果。看着这个画面，就像你已经达成了目标一样，去感受那种感觉。

假装走进已经达成了目标之后的未来。当你在感受已经达成目标时，回过头来看自己走过的每一个步骤，检视其价值。这时你是在检查那些给你带来最好结果的里程碑，"未来模拟"每一步的可行性。

检查如何获得成果。 使用抽离的方式，仔细去看小的愿景（可以用变焦镜头来细化关键步骤，如果一个步骤不清晰，就回到愿景那里，期待在你开始行动的时候，这个步骤会显示出来。对不同的路径保持开放）。

问问是否每个部分都研究过，是否可以开始采取有效行动了。 你可以在一个假想的度量尺上对有效性打分，衡量，检查那些关键的潜在选择的有效性，直到达成目标。

使用成果导向的方法，你将会对自己的能力感到惊讶，即使要处理最棘手的难题，也能够将它们转化成机会。一开始，选择一个你正在对付的简单的问题，是你还没有找到解决方案的。遵循前面的步骤，发现你会如何找到新的、给你赋能的解决方案。

只有当你的思维框架转变到聚焦于渴望的结果时，你才能开始向它前进。人们就是使用这个技巧，张着意图的翅膀，飘飞到成就里去的。

举例来说，一名高绩效的销售员在遇到极大的困难时，决定要将这种情况看作机会而非障碍。而这会振奋人们的精神，这名销售员就会变得很有吸引力，他的领导力会激励别人。成果是一个自我实现的预言。他有了周围人的支持，就会战胜困难，不断加油前进。

成果导向的思维习惯把我们的注意力吸引到获取渴望的成果上，这份成果在头脑中保持着，成为未来的愿景。他人就会很自然地对我们的领导力加以积极的回应，因为我们拥有的愿景服务每一个人。与纠结在困难或者挫折中不同，成果导向的方法会成为通往结果的康庄大道。当人们看到一条通往成果的强有力的路径时，会感到振奋，被这项计划鼓舞。

想象你在赛跑时，每隔100码就要跨一个栏。带着问题框架，你就会聚焦在栏上，"哎呀，这栏好高啊！我得要使多大劲才能跳过去啊？"这样一种聚焦方式，对终点线很少关注或者没有关注，这是无法让你夺冠的——肯定不行！栏杆就是象征性地（而且实际上）挡了你的路。而当你聚焦在栏上时，就没法看到跨过栏杆跑到终点线才是真正的目标。在你的头脑中，栏杆显得很大，赛程看起来如此难以（如果不是不可能的话）跑完。

让转化式对话如此不同的关键技巧

带着成果导向的方式，头脑会被意图所激发，你就能够看到栏杆的后面。意图总是导向终点的，而栏杆就变得不那么重要，不那么像障碍了。事实上，栏杆可能看起来非常不重要，甚至会消失，仅仅成为旅程的一部分。它们还是那么高，你也一样要跳那么高，但是当你把焦点放在终点线时，跃过栏杆就变得自然而容易了。比赛的终点会永远吸引你向前，而赛程本身会变成通往愿景的途径。这时候，是愿景——你会成为的人和你正在做出的贡献——大大地显现在你的脑海里。这种聚焦点的不同，就是通往成功的力量。

留意这种方法是多么的高效。成果导向的思维比问题导向的思维要有用得多，因为它聚焦在拿到渴望的成果之上，而非沉湎于困境或挫折中。不断从成果的角度来思考，是高绩效表现者很显著的特点。

产生成果导向式的结果，服务于这个世界的主要方式之一，就是把头脑和心灵聚焦在你要**成为**（Becoming）的人上面，而不是你要**克服**（Overcoming）的困难上。让自己处于低能量的状态，聚焦于**克服**困难，会使你置身一段极具挑战的、不愉快的跨栏比赛中。人们往往把大部分生命花在这样的比赛上。

身为使用教练方法的转化式沟通者，一旦在自己身上牢固建立起这种技巧，在跟别人的教练对话中坚持使用，你就会很快发现其价值。这个技巧简单而精妙，它翻转了问题或冲突，进入成果导向的路径。这或许是支持他人整体改变的转化式教练最大的特点。

宣告了成果，仔细做了视觉想象之后，人们就会很自然地、几乎是毫不费力地朝着成果前进。曾经被认为是问题的，现在只不过是路上的一块卵石而已。未来那有力而鼓舞人心的、基于价值观的愿景，会把所有其他担忧化解掉。

当一名转化式的沟通者知道如何有意识地支持人们定向到更大的意图和目标时，客户就会坚实地、更容易地朝着他们渴望的成果前进。他们会达成目标，是通过**选择**（Choice），而不是**偶然**（Chance）。

当人们做出了选择，把明确的成果牢牢地固定在脑海中的电影荧幕上的时候，他们就会很自然地开始朝着实现愿景的方向走——无论这愿景是大是小。人们选择的目标就会变成他们的未来。

> 为了达成目标，实现梦想，发展、保持并感受那个令人信服的未来的愿景画面，是一个人最重要的任务，没有之一。
>
> 没有这个愿景画面，也不坚持去看愿景的话，人们会随意而散乱地行动，可能变得纠结，沮丧，被困住。

在你面向未来时，你是谁？头脑中的东西会变成现实。有两个选择：你可以想象自己的问题如何继续出现，把自己带到更多的问题里。或者你也可以想象自己的目标变成了现实，并朝着那个现实前进。你更喜欢哪一个？

成果练习

试试这个练习，理解把聚焦点保持在成果上是什么意思。

在一张纸上列出 5-10 件你曾经成功处理了的困难情况。

然后再在另一张纸上列出你处理得没那么好的 5-10 个困难情况。

看着两个清单，标注出每种情况下你是更多地关注问题，还是关注成果。

问自己："我当时知道自己想要什么吗？我对自己想要的成果有多清晰？我的表述是正向的结果吗？是我可控的吗？"

虽然经常还有各种其他原因会影响到结果，但是你可能会发现，在成功处理了的情况里，你是聚焦在成果上的，并且头脑中有清晰、具体的目标。注意并理清你的成功和清晰的愿景、有效的成果框架之间的相关程度。你是否经常用这种方式来思考如何拿到成果呢?

回顾不成功的清单,在目标不清晰,或者某种程度上你不可控的情况下,是不是结果就比较无效呢?

你怎么样使用这样的一个个人的盘点,来帮助自己达成当下的目标呢?

第七章
合约：设定对话焦点

想象力就是一切，它预演的是生命中即将到来的精彩。

——阿尔伯特·爱因斯坦

这个世界的伟大之处，不在于我们的现状，而在于我们前进的方向。

——奥利弗·温德尔·福尔摩斯爵士

🐦 就像弓箭手用有力的臂膀拉开意愿的弓一样。我们的意愿、目标设定了焦点，而合约就是这支箭所要射向的那个思维图景。一个有效的合约就是拉动意愿的臂膀。

迷信山脉的战斗和力量

我从来没有真正害怕过出发,害怕过深入荒野,踏上探索之旅。8岁的时候,我的家人在加利福尼亚州的小镇上住过一段时间。我很喜欢出去,走几里地,进入小镇附近的山里,去探访牧人和他们的畜群。从童年时起我就发现,走进山里去漫游是一种甜蜜的自由。

我在亚利桑那州住的时候,抓住了几次机会外出。在内华达高原上,离我家不远处坐落着迷信山脉广袤的荒野,这个地区山脉高低错落,石头的形态令人称奇,山里有奇形怪状的仙人掌和植物,成百条小径,隐蔽的泉水和丰富的野生动物。

早春的一天,我出发去远足5天。我重游了以前见过的美丽地方,并继续深入到新的区域。一天之后,我到了一个看起来荒无人烟的地方。穿过一片遍布岩石的高地,我进入一个巨大的山谷,那里长着草,还有一些树。我注意到干燥的地上有不少动物的脚印。

沿小路往下走,我看到越来越多的脚印,是不同种类、不同大小的动物留下来的。我既没带帐篷、武器,也没有火柴,因此我坐下来,喝了些果汁,思索着这种境况。而太阳开始下山了。

这个美丽的山谷很安静,我想了想自己的不同选择。那天很漫长,而拉出睡袋,躺在布满动物脚印的山谷里,安全无虞地睡个好觉看起来应该是容易的事。然而,这地方有种很明显的怪异感,我感到很不安,无法决定。

我是在小道上走了一个小时,翻越了一片遍布岩石的、多风的高地之后才来到这里的。在夜幕降临以后走回去是蛮干的行为,要离开这个山谷得攀爬很长的路。

我对那个时刻记忆犹新:一边考虑着有哪些选择,一边告诉自己要聚焦在什么选项上。要留在山谷过夜的最佳地点尚不清楚,而已经干了的动物脚印到处都是，一串一串的。是什么动物呢？怎么办呢？

突然我看到了它。像小狗似的，它从附近的山坡上看过来。我认出这是一头郊狼。它蹲坐在地，安静而又很放松，饶有兴致地观察着我。然后头也不回跑过山头，不见了。

我想，没关系，就是一头小郊狼。但那么多脚印吸引了我的目光：好多不同的动物来过这儿！怎么办？

一个主意闪过：我小时候在法利·莫瓦特（Farley Mowatt）所著的《狼踪》（*Never Cry Wolf*）一书里读到过狼类动物对领地的划分。书里描述了加拿大北部的狼，而作者只要"尿出边界"，狼群总是会尊重他的宿营地。焦点转到了意愿之上，我想："这是个好办法！试试吧。"我至少花了一个小时喝够了水，来干这个活，划定我的边界。点和点之间离得很近，我在每个点撒足够的尿量，然后就躺下睡了。

我很想告诉你我度过了平静的一晚。但那怎么可能呢？！

我醒过来，看到黑暗中满天星斗，听到灌木枝折断的声音，动物穿行其间，还听到叫声大合唱——嚎叫、尖啸，还有四处沙沙声。郊狼们一定是在我栖身的小山谷中开全国大会呢，而我肯定是被展示的战利品。一群狼在山谷这头嚎起，其他狼就都跟着开始嚎叫。我一次又一次听到动物过来，绕着我的营地跑，却没有一只越过我精心标记好的界线。我僵硬地躺在那儿，只有鼻子露在睡袋外面。

终于，黎明降临，声音停止了。我睡得并不好，但我是带着感激和警觉起身的，内在的提问带来了安全。现在我可以拍拍尘土离开，迎接新的一天了。

在荒野中，我骗了动物们。然而，聚焦的注意力使我可以跟这群动物交流，并得到它们的尊重。这故事听起来很好笑，但我提醒自己：在需要的时候找到好方法根本不是玩笑。我问自己："我想要达成的是什么？我怎么达成？"而我内在的回应，从存在的深处浮现，回报我一个赋予我能量的计划。

以令人惊奇的方式去解决问题的创造力，是身为人类的最重要的定义。我的解决方案只是一个小小的、好玩的方法，它来自20年前我读过的一本书，但当时那正是我所需要的。不可思议的是，我发现当自己专注，向内心请求帮助的时候，清晰的方法就会降落在脑海中。从那时起，这件事就一直提醒着我：我们所有人都可以找到自己需要的准确答案。

这种能力让我相信人性。我们每个人都能够专注，去行动，能够找到解决方案，让我们的种族得以穿越黑暗的时代，进入人类力量的圆满之中。

合约的力量

我们完全和他人同在，建立亲和关系，带着清晰的焦点进行对话，并使用这个人的世界模式，所有这些会为转化式的对话打下基础。有了基础之后，下一步就是为对话设定焦点和成果，我们称之为建立合约。这是口头的约定，是客户和教练在对话开始时设定的。注意，教练和客户在开始商务安排时写下的书面商业合同，和这个非常不同。在教练对话的开头，口头建立合约是成果导向教练的基本要素，因为它给教练之旅以形式，让教练和客户知道他们是否走在正轨上。

合约设定了有力的教练对话的意愿和注意力

教练式伙伴关系的建立，转化式的对话的发生，都需要有力的开头。而口头的合约就是有力的开头，就像弓箭手用有力的臂膀拉开意愿的弓一样。我们的意愿、目标设定了焦点，而合约就是这支箭所要射向的那个思维图景。一个有效的合约就是拉动意愿的臂膀。通过对话，这只臂膀将箭射向前方，深层觉知的头脑就会做出回应，打开创造力的金库，让想法流淌出来。我们宣告自己在对话中的意愿，定下合约。像弓箭手一样，射出聚焦的问题。

直到这个意愿完全定下来，人们才了解到自己的力量，这一点常常会让人感到惊讶。一旦教练的焦点或者合约定下来，强有力的转化式沟通者就会进入教练位置，而且在对话进行过程中都待在那儿。

弓箭手在评估到达第一目标的全程距离时，必须将所有力量和注意力结合起来。直到此刻，他的目标才会开始变得清晰——换句话说，这些是决定这支箭的落点所需要的步骤。对话中如果没有清晰的聚焦点，带来整体改变的转化式对话就无从发生。

用合约问题来设定焦点

"就 XYZ 达成共识"，这个基本的建立合约的问题，最好在每位教练对话开始阶段就建立起来。当你用合约式问题设定了对话的焦点时，客户就能不断地检视这次对话的价值，看他们是否在正轨上。当你作为一名教练，或者经理人（在一对一或者类似团队会议的群体环境中）使用设定合约的技巧，又或者在亲密的关系里面使用时，就可以用合约式问题来设定这个过程，使你向深层的亲和关系和流动状态前进。

> 合约式问题设定了对话的焦点，让你向亲和关系和流动状态前进。

对于要应用这些技巧的专业教练来说，你需要了解的是：设定好对话的焦点，标志着教练约谈的正式开始。在以上两种情况下，你所使用的明确的合约式问题都是非常重要的，因为它为对话设定了议程。

要很好地建立起合约，我们需要在能量的焦点和时间框架的焦点两个方面来约定。可以用下面的一些句子来设定有力的合约：

- "在我们一起的 45 分钟里，你能拿到的最好成果会是什么？"
- "今天我们在一起的时间有 25 分钟，你相信我们今天能够达成的最重要的成果是什么？"
- "你认为最好利用今天早晨的谈话的方式是什么？我们有 30 分钟，今天你想要实现什么？"
- "我们有 20 分钟的时间在一起，你可控、可以实现的最好成果是什么？"

注意每个合约都具体化了时间范围，而且通过问"可能的最好成果"，让目标范围变得具体。以上例句聚焦对话的方式，都是坚持让客户对分配时间内创造出的成果负起全部责任。客户拥有他们所要创造的框架，而且他们知道自己玩的是什么游戏。他们有责任站出来，创造自己可控的结果。而你作为教练，就是为他们留出空间。（记住，你的角色不是为他们创造成果。你的任务是唤醒他们内在的天才，唤醒那个已经拥有成功所需的资源的天才。）

主要教练合约的力度会深深影响教练约谈的质量。如果教练从客户那里拿到的合约是在 45 分钟内达到一个结果，客户经常会在最后的 15 分钟里获得很深的洞见。如果合约是 30 分钟，客户经常也是恰恰在快结束时获得发现。同样的，对于"走动式"管理教练来说，他们会不时停下来，与不同的员工做简短的、不超过 10 分钟的管理式教练约谈，那么合约问题就是在他问员工"进展如何"的时候。我把人们问伟大的问题比作卓越电工的工作，就是把每个人都连接到流动状态中，重新激发起来。

在亲和关系的基础上，如果可以在对话的开头有规律地、可靠地建立起合约，会加大客户的信任度。客户会很快地学会相信：对话中最重要的焦点，就是他们想要如何使用这段时间。这种对支持力的确信，会让人们欣赏并感激教练的流程，这样他们就会对每次约谈保持最高程度的投入度。

在整个对话过程中，合约式的问题会让客户确信：你作为对话的伙伴是在正轨上的，而且你对他们重要的事情有浓厚的兴趣。这样他们就能够放松下来，在对话之中思索，对你的同在有信心。

从抽象到具体：从 50000 英尺的合约到 50 英尺的合约

把教练合约的一项重要特质比作高度是很有用的，因为合约在很大程度上决定了我们支持到客户的程度，以及我们如何跟踪其相关程度。在细节的层面，按照客户指定的方向拿到成果，这是需要达到的具体目标。客户知道自己所需要达到的具体程度，因此要让他们据此来衡量达成共识的行动步骤有多清晰。

当你能够更好地支持人们去选择清晰而可行的目标时，可能会注意到，按照其特征，所有的目标都倾向于归入以下三个不同层面：

- 有些目标是5万英尺高的，如清晰一个使命，或者探索可能的长期计划。即使这个人会组织起每个步骤，那些行动的成果也是很抽象的。这些5万英尺的目标也可能是"存在"领域的目标，聚焦在发展那些可以转变生命所有领域的品质或是内在状态上。

- 有些目标，如在几个月里组织完成一个项目，或许可以认为是在5千英尺高的水平上。我们能够清楚地看到纲要，并且明确指出要细化和组织的部分。

- 其他目标，如设计并组织一个具体的会议所需要的行动事项，是50英尺高的目标。这些是非常细化而具体的。

有效教练对话的关键元素，是客户**真**的采取行动，以此证明他们想要的就是这个。好的教练支持人们保持想法、感受和**行动**的一致性。

要确保客户在教练约谈中的成果足够具体，能够创造出他们想要的，这是非常重要的。许多教练新手会被过大的教练合约所困，以致无法组织起相关的行动。过大的合约也不匹配所安排的约谈范围。

举个例子，如果某人想要在一次教练对话中选定他们博士论文的题目，然后计划好所有的章节，那么就需要教练愿意有力地挑战这样一个要求。可以用类似下面的问题：

- 你想在这次教练中实现的最有价值的第一步或前几步会是什么呢？
- 为了以你想要的方式去写博士论文，今天 30 分钟里，最好的能够启动这个过程的结果是什么？

有效合约要考虑的方面

教练约谈的开头设定合约的时候，有几个需要考虑的方面：

1. 客户可能需要时间，以明确在这次约谈中要谈的最重要、最相关的事情。有些时候，客户可能用了整个约谈的时间，来达到一个足够具体明确的合约来接受教练。当然了，我们鼓励你尽可能快地拿到合约，不过支持客户自己的思维过程也很重要。

2. 注意当下合约的高度：然后问自己，"在这个高度上，这个合约可行吗？"有些合约天然就是 5 万英尺高的概览式合约（例如，建立一个伟大的使命，或者制定总体的长期规划）。有些合约天然就是 5 千英尺的合约（例如为下一个项目来设计能力和行动）。有些是 50 英尺的合约，"我想给本周列个行动清单，找出优先要务。"

3. 在进入教练约谈之前，要确保跟客户澄清他们所渴望的成果的明确程度。永远不要假定客户想要的东西，要**问**！跟客户澄清在教练约谈结束时，他们看到、听到、感觉到什么就证明这是最好地使用了他们的时间，这是非常有价值的。

聆听创造者、被动反应者和访问者

聚焦在你想去的地方，而不是你的恐惧。

——安东尼·罗宾

在转化式的对话中，你会和客户建立关系，这种关系要求双方全然同在。所有的沟通都是探索之舞，因此真正的转化式对话是两人一起探索。这就意味着客户要清楚自己想要的是什么，并且愿意做事情去获取它；意味着客户愿意用新的方式来看自己，看目标，看深层的意义和自己的关系。没有对真正进步的渴望，人们是不会采取行动的。

我们已经提到过情绪脑，和人们已经发展出来的情绪化的结论和习惯所带来的困难。有时候人们一开口，负面的思维框架或者限制性的结论就来了。甚至当他们开始想象一个强有力的对话目标时，小鬼就回巢了："我不行……"，"我不喜欢……"，"我不想要……"，"我没能力……"，"他太……"。

这些时候，人们被负面的思维框架和内在的结论框住了，并且将这些感觉"登记"在身体里。客户开始说哪些事没用，或者开始说他们不要什么，就是在用抱怨和负面的信念把自己刷到墙角去。必须在教练对话真正展开之前处理这些信念，因为人们的能量会随注意力而流动。人们所认为的，或者感觉到的，就会成为现实，示现出来。要立即留意到负面的想象和坏的感受，因为这些论断会塞住可能性的瓶口。转化式的沟通者会很快发展出打断这个过程的技巧，支持客户转换他们思考的框架。

如果客户出现负面的反应或者抱怨，要从教练位置上去留意，这一刻是什么阻碍了客户设定自己意愿的能力。教练会跟许多不同的人一起工作，会注意到人们设定意愿的能力是不同的，有的很弱，而有的很强。有些人会在路上暂时停下来，还有些人会宣称：根本没有实现意图的道路。

在开始对话时你可能注意到，进入对话的人有三种不同的反应方式。根据不同的反应方式，我们可以暂时将人们归为三类：访问者、被动反应者（抱怨者）以及创造者。这是漫画式的分类，在这里加以区分，只是为了让我们发展出适合的方式，在任何时候都能最好地支持到对方。

我们来回放并总结一下截至目前的教练过程：在与客户建立了亲和关系，而对方也同意开始教练对话之后，你提出一个合约式问题："我们有30分钟时间在一起，如果能够最好地使用你的时间，那么你想从对话中获得的最好的成果是什么？"问完这个问题，你进入教练位置，结构化地聆听对方所说的。要倾听他们的回应，注意他们的关注点类型，瞄准他们的目标。

访问者

一位客户可能被命令，或者被别人建议来跟你谈话（例如，被经理送来的员工，或者被父母送来的青少年）。或许是指导老师、朋友，也可能是主管建议他们来跟你谈话。客户本人并不买账，他们不想要转化式的对话，不想通过对话去改变。这样的人可能只是一名**访问者**。

访问者没有改变的愿望。他们可能并没有意识到改变的需要，因为他们没有想要实现的目标，或者要解决的挑战。这个人可能是被锁定在困境中，与送他们来约谈的人在争夺对结果的控制权。或许这个人还有一个信念或期待，认为改变是不可能的。那些有深深的私人顾虑，以及秘密的上瘾症的人也可以归入此类。

如果你和一名访问者对话，就要找出他们的长处和积极正向的观点，并加以赞扬。要温暖，对他们的世界模式有真诚的兴趣。偶尔他们会决定参与到一段真实的对话中，开始用心跟你说话。通过运用温暖的提问的力量，你可以发现对他们来说最重要的东西。他们可能会发现个人的价值，这会激励他们朝着自己想要的改变前进。注意，如果他们走掉了，那么他们从来就不是客户。我们就跟他们打招呼，共享一些时间，祝贺他们履行了对送他们来的人的承诺，然后说再见就行了。

被动反应者

被动反应者有抱怨，他们有做出改变、达成目标的渴望，但是由于关注的是自己不想要的，所以他们没有准备好要采取必要的行动来获得结果。他们或许会在头脑中创造出负面影像，或许他们相信自己想要的太难得到，或是不可能实现。这些人很容易用抱怨把你的时间占满，他们不相信自己渴望的整体改变是有可能创造出来的。

注意，被动反应者想要结果，但不知道怎么去获得。他们忘掉了自己真正的焦点，而听从了内心的恐惧、怀疑，或者关于自己和他人的其他情绪化的论断。这样的人在开始进入真正的教练对话之前，需要重新瞄准目标。

怀疑通常有几个层次："可能我做不到"，"可能他不会让我做"，或者"要做的事太多"。甚至比这些还严重："我要是开始做了，失败了怎么办？"转化式的对话让人们穿越这些层次，回到他们最初意愿的力量中去。你的问题可以将人们温柔地带回他们的初心。

这样高强度的有力对话，通常是和正在再次确定自己的目标和生命意图价值的人进行的。你的问话和支持会帮助这个人回到具有转化力的流动中，那是他们自己最初目标的流动。这样的对话会产生情感上的释放，一旦人们重获目标，就会走进内在的阳光里，走进他们心之所欲的积极情绪中。

如果与你对话的是个被动反应者或者说是抱怨者，就让这个人思考一下哪些事是他们想要让它发生的。例如，你可以说："如果你不想要 XYZ，那你想要什么？"另一个好问题是："在这种情况下，在可控范围内，你能做些事情的话，你想要什么？"

创造者

当一个人真正准备好，愿意为渴望实现的目标去做一些事情的时候，他/她就是**创造者**。事实上，你需要一位创造者来真正完成对话。否则我们就只是在启动探索。

你会发现，创造者被他们想要的东西激励着，驱动着，他们只需要知道如何让它发生。转化式的对话必须有创造者才能发生——他们知道自己想要什么，并且愿意做任何需要做的

> 创造者会正面表述自己想要什么，在他们可控范围内能做一些事，并且他们知道自己是否实现了目标。

事去获取。这位与你连接着的人一定是用积极正面的语言表述自己想要的，一定是在他们可控的范围内做事情，而且他们一定知道怎么样就是实现了目标。

好合约的五条标准

在客户回答你的合约问题，说他/她在这次教练约谈中想要的东西时，你要去听的是他们回答中的以下元素：

- 用正面的方式表述："我想要……"
- 在这个人可控范围内，可以做些事情。
- 对这个人真的有意义，很重要。
- 具体明确的、可衡量的、可达成的、现实的、相关的，有完成的时间期限（SMART目标）
- 明确当目标达成的时候，教练和客户如何知道已经达成了。这就意

味着教练和客户对证据都很清楚（例如，了解在教练约谈结束的时候，客户会看到、听到、感觉到什么，就表明拿到了成果）。

SMART 目标是：

- Specific 具体的
- Measurable 可衡量的
- Achievable 可达成的
- Realistic and relevant 现实的，并且是相关的
- Timed for completion 有完成的时间期限

如果你注意到一个合约缺少了这些元素中的某些部分，就用有力的问题将其揭示出来。

下面列举一些可以做到这一点的问题样例：

- 你不想跟丈夫打架，那你**想要**什么？
- 在你想拥有的跟你丈夫的关系中，你可控的是什么？
- 从 1 分到 10 分，现在和你丈夫改善关系有多重要？这会给你的生活带来什么？为什么那么重要？
- 接下来的 30 分钟里，你在这方面想要达到的具体目标是什么？
- 当你离开时，带走什么就能证明你已经有了内在的转变，对婚姻有了新的看法？

觉察抱怨模式

人们会下滑到低能量之中，不时对自己或他人感到羞愧，会指责，会抱怨。

探索我们自己抱怨的习惯是件有意思的事情。你倾向于抱怨自己生活的哪些方面？你曾经抱怨过自己吗？还是大部分抱怨的是其他人？你是自己对自己发牢骚？还是会跟其他人说？

每个人都有最喜欢抱怨的话题！糟糕的司机，坏天气、坏朋友、坏习惯、坏工作、坏老板，糟糕的路况，难吃的食物，难用的电脑程序，严重交通堵塞，没时间、没钱、没支持、没焦点、没能量，无效的培训，没能力、没结果、没做完……

什么东西会点燃你的抱怨？

- 你是如何表达自己的抱怨的？
- 你会说出原因和影响因素吗？（是这个导致的！）
- 你会将事情一般化吗？（总是会发生这样的事！从来没发生过这样的事！）
- 你会说出期望吗？（这类人或者这种情境，预计通常会造成某种特定的不好的结果。）
- 你会用放弃、生气、愤慨、沮丧、伤心或者愤世嫉俗的语气吗？
- 你会用贴标签的方式来抱怨吗？某人或某事太粗心大意了、太整洁了、太贵了、太穷了、太高了、太矮了、太胖了、太瘦了、太有钱了、太蠢了等等。

贴标签很有意思。我们把人或情境划分开，要么归入，要么不归入一个类别。举例来说，如果你抱怨某人非常不专业，就是把人们分成两大阵营：专业的人，以及不专业的人。这些都是标签。如果标签表明的是一个人是否具有某种品质，这就是一个大的分界线。"是"是在身份层面的品质，很显然，"是"的品质不会改变。

潜意识天然表达的就是情感脑的群体性，这意味着我们的潜意识对待所有人是一体的，是一样的。就是说我们需要密切关注自己发出的信息，因为我们的潜意识将所有信息都看作是关于自己本身的，无论它是正面的还是负面的。无论我们给别人贴什么标签，都是镜像：它们实际上是关于我们自己的。

我邀请你仔细思考一下：如何以创造性的方式听到自己抱怨的声音，从而不再让自己陷入抱怨的内在语调，进入抱怨的模式，掉进抱怨者的姿态中？如何以杰出的创造者的方式，来过自己的生活？

第八章
教练中的四个基本问题

个人的力量存在于思想的力量之中——这是我们真正的自由！

——佚名

🐦 把一个目标可能通向更高层次成果的路径视觉化地呈现出来,也可以为有效思考实现目标的最佳计划打下基础。即使情况发生变化,人们也准备了多个选择来向前推进,并且会坚守最初那个启发了他们的、基于价值观的愿景。

学习走路

米尔顿·埃里克森曾经讲过一个很有力量的故事，说的是他小时候刚刚罹患脊髓灰质炎的日子。他说起自己从中获得的那个富有启发、以积极的方式改变了他一生的想法。生病变成了一个跳板，使他收获了最棒的问题和最好的学习。

想象一个15岁的男孩，某天晚上带着疼痛的嗓子上床入睡，三天后才醒来，却几乎因脊髓灰质炎而死去。如果是你，发现自己——事实上已经瘫痪——唯一能动的就是眼珠，你会怎么办呢？这就是米尔顿年轻时候的经历，他就是这样生活过来的。

在20世纪30年代，美国农村地区的卫生部门还不知道如何对待米尔顿这样病重的男孩。他们只是帮米尔顿的妈妈做了一张床，放在厨房里。这样，在妈妈干活的时候，他可以待在旁边。他躺在那儿，日复一日看着母亲做日常事务，忙着照看刚出生和正在学步的弟妹。

米尔顿极度希望自己能动，他渴望地看着，观察自己刚出生的妹妹，看她抬起头，低下头。由于他深深渴望着重获自己的活动能力，于是开始想象自己可以做那些简单的动作。令人惊异的是，经过几次视觉想象，米尔顿感觉到自己脖子的肌肉有了一些微弱的动作。他带着喜悦一次一次进行视觉想象，获得了更多的动作。他意识到这其中有重要的意义，就开始了每天的例行程序，一小时又一小时地观察妹妹越来越熟练的动作，然后就在脑海中准确重复自己所看到的。

一个月又一个月，米尔顿继续着每天的视觉想象。当小婴儿学着抬手、踢腿，以及其他动作时，他也在头脑中练习同样的技能。然后，随着他自己的动作开始微弱地恢复，他进行了实际的身体练习。

两年后，经过严格的视觉化和练习，米尔顿能挂着双拐走路了。医生们认为这是一个奇迹，而他本人觉得这是艰苦努力的结果。

现在的权威人士认为，米尔顿是通过使用新的脑区，重建了受损的神经通路。在出生后六个月前，经历脑部受损的新生儿都有这样的能力，一些专家认为米尔顿的新能力与此相同。米尔顿注意到，在他一遍一遍视觉想象的过程中，需要他问自己一些关键的问题。

米尔顿的成果是双重的，他不仅重获许多原本失去了的行动能力，更创造了机会让自己深深地理解了觉察、观察、提问、探索意图、视觉想象和亲和关系的力量所在。这些经过充分实践的理解，逐渐让他开始走路，完成高中学业，之后又展开了非常成功而富有创造力的医学事业。他获得了观察、提问并跟随内心提示的强大能力，这些能力是大部分人一生都未曾发展出来的。

全部意愿的力量，带我们领略完整的价值

想一想这种可能性：我们的想法本身有着自己的生命历程。当我们进入一段转化式的对话之中，就像踏上好想法的滑雪板，快速滑下思维的坡道。米尔顿的经历显示了模仿能有多大的力量，而简单的视觉想象能在身体—思维系统中创造出全息的印记，和对其运作程序的理解。

这样的印记是一种有力量的模型，是视觉、听觉和其他简单习惯性神经链接的模型。举个例子：看到前车的尾灯闪红光，你会出现自动地把脚移到刹车上的习惯性动作。

米尔顿的故事说明了我们的想法和身体的体验是如何深深地连接着的。他观察自己的小妹妹，通过将妹妹掌握的技能视觉化并实施出来，让自身的能力得以转化，这是了不起的发现。很显然，通过视觉化和聚焦，你也可以实现自己真正的能力，可以开始相信它们能够改变你的生命。

个人伸展范围练习

我们一起试试这个小练习,来展示一下大脑皮层所拥有的强大的视觉化能力。

站起来,向前看,向旁边伸出右臂,与地面平行,手指向外伸出。保持臀部不动,腰部转动,将左臂和头转向右边,在舒服的情况下尽可能地向右转。注意自己右手的手指指向哪儿,以此标记自己转动了多远。重复转三次(右转,再左转),标定你能够舒服地转多远。

闭上眼睛,想象自己在转动,但实际上不要动。看到你自己比之前转得更远些。在脑海中重复视觉想象三次。

闭着眼睛,在舒适范围内转动到最远。定住位置,睁开眼睛,注意自己只是通过视觉想象,就多转了多少距离。

与有效视觉画面相联系的鼓舞人心的想法,以及转化式的对话,能够真正带来奇迹般整体的成长。通过视觉化,你可以创造出美妙的流动状态,选择的流动,改变的流动,催化你的想法和体验,创造出真实世界的成果。

对话之"流":流动模型

在转化式对话中,想法的流动会变得更加鲜活。教练提问出有力问题,能够成功地使更多想法得以持续发展,使你的思路得以重组。从四个方面来观察任何一个目标,会加快我们想法的流动,使有效的想法浮现出来,进入意识。然后我们就可以观察到这些想法的内容、结构、过程,以及在更大范围内,这些正在发展的想法的形式(在本书系第三本《流动》中会有更多这方面的内容)。

如何把自己好想法的价值最大化呢？偶尔，最好的想法会在我们被唤醒的觉知时刻来临，如同米尔顿受到妹妹的启发一样，它就像一个灵感、一份礼物。当我们去使用这些想法，去测试它们的时候，就是在体验这些想法的价值，它们就成了我们的一部分。更多时候，通过询问决心拿到的成果是什么，或者提问指向目标的问题，好主意就会出现。要找到这些价值，需要我们长期探索。

问题即答案

聚焦于成果能够让你发自肺腑地与自己的生命对话，与自己最强大的意图和目标连接起来。假设你可以跟生命对话，那么，生命想要从你这里得到什么？

当教练们退后，放松下来，好奇对客户真正重要的问题是什么的时候，奇迹发生了。人们通常开始深入思索自己的核心价值观问题。在教练约谈中，这个基本主题出现得如此频繁，看起来生命是想要我们去思索自己的根本目标，想要我们找到最深入的问题，有目的地去提问，并且知道答案就在问题之中。

这看起来就像是人们需要唤起他们的核心问题，生命中最宏大的那些问题。人们似乎天生就知道：向内提出问题的质量，决定了他们生活的质量。有些人会攀登高山，去问风儿；有些人在洞中打坐，去问黑暗，问闪光；有些人歌唱他们的问题，另一些人舞蹈。你是如何连接到自己真正重要的问题的呢？答案又是如何显露出来的呢？

本章我们鼓励你带着好奇，去探索自己真正的生命意图，去展开对话。我们邀请你用教练的流程来探索自己的内心。注意，在自我教练中，只有真正聚焦，向内提出重要的问题，内在的生命才会升起，并向你诉说。

支持项目开展的四个投入度（Engaging）问题

回想在个人伸展练习中的体验。达成目标就如同伸展身体，都是可以扩展的。你受到激励的程度，目标对你有多重要，你又有多大意愿去坚持不懈并且不断找到方法去实现，目标的实现与这些是紧密相关的。

你可以想象一个菱形的棒球场，场上的击球手正跑向全垒打。我们将要探索四个基本的投入和计划的问题，以支持击球手绕场跑动。这个菱形代表了任何计划及其实现过程中的四个关键阶段，分别是：第一阶段，激励；第二阶段，实施；第三阶段，价值整合；以及最后的完成和满意（见图 8.1）。

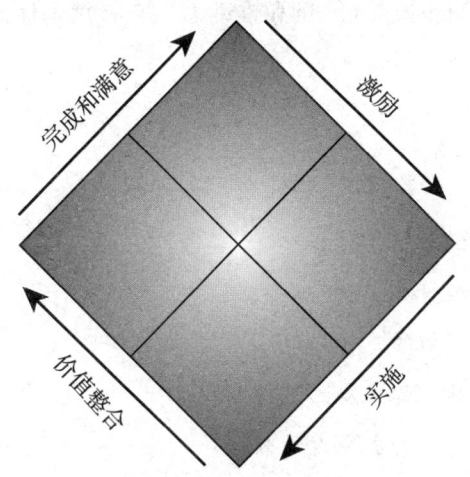

图 8.1 计划及其实现的阶段

四个投入的问题将这几个阶段连接起来，帮助人们围绕着这些阶段的成就，来建立愿景。这些计划性问题将对话聚焦起来，或架构起来，向着这个人在每个阶段想要的结果前进。通过这四种方向性问题，人们会逐渐讨论清晰明确的目标的所有标准，对其加以组织。

这四个问题有多种表达方式，可以以相互连接的问题组形式来使用，每个问题都支持下一个。放在一起使用时,这些问题会使你和被教练者去到激励人心的未来愿景之中。这些方向性的问题是成果导向教练的基础,也是转化式对话的基础。让我们仔细研究一下。

问题1:你想要什么?

一开始要清晰这个人现在在哪,真正想去何方,这样的探索开启了教练对话。当你清晰了自己想要的,它就会激励你去达成,推动你去努力。不论何时,只要你有一个目标要为之努力,就可以通过回答接下来的问题来完成。一幅关于渴望的目标的清晰而引人入胜的愿景画面,会推动、激励人们,让人们兴奋起来。这幅画面会给行动注入能量和推动力。它必然是任何具有转化力量的对话的开头。

你想要什么?多种问法

- 在这里你的目标是什么?
- 你希望实现什么?
- 你要努力获取的是什么?
- 在这个对话中你主要的目标是什么?
- 今天你想得到的成果是什么?
- 在接下来的30分钟里,你想要的成果是什么?
- 今天,是什么在呼唤和引导你去迎接它?
- 你特别想实现的是什么?

每个版本的"你想要什么",都往往包含一些额外的问题,支持人们清晰愿景,启发灵感让愿景成真。在"你想要什么?"的问题中,也暗含着为什么,或者说成果背后的价值。你想要某个具体的成果,是因为它对你有价值。你会很自然地去探索,实现这个目标是为了什么?在目标背后的目标是什么?你最高的意图是什么?一名有效的教练,会保持这个关键的框架,仔细关注客户所呈现的每个目标的全部面向。

目标背后的深层价值,以及与之相连的感觉,是人们真正想要的,而这都需要专注去达成。目标本身是达到深层价值的一种手段。通过了解一个人活出深层价值的需求,目标就会变得更有意义。就像玫瑰花从蕾绽放到最美的过程,花瓣一层一层绽开,直到光彩完全绽放,每个人的目标都带有更深层的意义,更高的成就。

在倾听他人探讨自己想要的东西时,你要鼓励他们用正面的话语来表述成果,这个成果是在他们可控的范围内。想象你头脑中有个清单:这个人内心最深处想要而又可控的东西是什么?

这个问题也可以激起人们对最终成果的视觉想象。关键在于将这个画面保持在觉知之中,不断看到你的心愿、目标已经实现了的画面。去感受你已经达成心愿之后的感觉。这种感觉会支持你吸引到自己想要的。

问题 2:你如何得到

有了清晰的愿景之后,接下来就要开始制订行动计划,问人们要如何成功地实现这个目标。典型的问题包括了次级目标,或是小目标,一步一步地通向想要的成果。仔细考虑计划、将行动分解成小步骤会带来巨大的不同,因为评估这些细节,会让愿景看起来更可行。

另外,看到每一个小步骤都会为愿景增添细节,让人们更深地投入到愿景,以及实现愿景的美妙旅程之中。随着投入式问题的推动,这些探讨会激发出人们的动力,推动他们成功地完成自己所开始做的事。

你如何得到？多种问法

- 这个目标要如何实现？
- 如何让这件事情成真？
- 为了达成这个目标，总体的规划会是怎么样的？
- 有哪些最好的方法，让你能够最有效地实现这个目标？
- 从你现在所处的位置，到你想去的位置，要走过哪些步骤？
- 你如何开始实现这个目标？

围绕着这些问题的是：要实现目标，这个人需要**是什么样的人**，或者**成为什么样的人**。要达成目的，这个人需要**做**什么？需要发展哪些能力、哪些技能？这个人要去找什么样的**资源**？这些资源**怎样**能够转化成目标的达成？

这个问题也会激起时间线和行动步骤的视觉画面。这个人第一步必须做什么，才能得到想要的结果？第二步是什么？第三步？每一步累积起来，应该通向客户渴望获得的成果。

SMART（首字母缩写）目标在这里很有帮助，第七章我们介绍过SMART意思是具体、可衡量、可达成、现实和相关，并且有完成的时间期限。在设计教练问题时，注意这个SMART标准，在头脑中检查所有的元素。这种觉察会提升你教练的有效性。

通常在这个阶段，我们会转向问题3，它能帮助我们澄清并发展微观愿景，更清晰地通往具体而可衡量的可知结果。

问题3：你如何加深承诺？

第三个部分包含了许多问题。它将计划拉得更远，使之更有意义。这个问题永远在召唤人们去沉思，深入考虑。你对自己的梦想有多深的承诺？如何让计划走得更远？你怎样加强或者扩大自己的承诺？你怎样真的让这件事发生？你怎样确保向前推进？你怎样使这个旅程对自己和他人更有意义？

其他可能要重点考虑的问题："你的计划如何能够自然轻松地展开？你怎样更有效果、更有效率地实现这些行动步骤？你如何克服阻挡自己的障碍？可能会出现什么障碍，如何预防？"

通过制订更长期的计划，你会考虑自己的第一计划行不通的可能性，并对此有所准备。制订长期计划会确认你最终达成目标的承诺，即使在出现阻碍的情况下也能继续。这种情况会把你带回到问题2，你可能会问："其他哪些方法能让我得到我想要的？"

你如何加深承诺？多种问法

- 在这个过程中，学习到什么对你来说是重要的？
- 你如何走得更远一些？
- 达成这个目标以后，你更高的绩效目标是什么？
- 获得这些成果之后，你会得到什么？
- 你怎样使这段旅程对自己和他人更有意义？
- 在承诺之上，你能看到更高的结果吗？更高的结果是什么？

把一个目标可能通向更高层次成果的路径视觉化地呈现出来，也可以为有效思考实现目标的最佳计划打下基础。即使情况发生变化，人们也准备了多个选择来向前推进，并且会坚守最初那个启发了他们的、基于价值观的愿景。通往选定目的地的道路有许多，我们必须仔细留心自己的旅程。绕道，只是迂回前进而已。我们能够意识到的承诺，让我们保持在航道上。

尽管在某些领域会遇到障碍，我们还是有可能到达目的地。通过思考"我怎样克服其他人可能带来的障碍呢？"或者"我怎么克服自己设置的障碍？我的应急预案是什么？"等问题，人们就可以画出个人的多条可选路线图。

如果考虑更大范围的生态平衡，可选路线图就会变得尤为有用。人们会学着去检验成功实现目标所带来的全部后果，以及选择的行动计划带来的成果。他们学着去考虑更大范围的后果了吗？这件事会如何影响他们生活的其他方面？为了达成这个成果，有什么事是他们不得不放弃或改变的吗？不要这个结果会不会对他们有好处？在他们看到实际上成果已经达成的时候，这样的好处怎么去处理？他们也需要去考虑还有谁会受到影响，以及在目标趋近完成时，他们会有什么感受。

我们在这里要找的是一些微妙的问题，它们看起来有可能在也可能不在这个人掌控范围内。某些关系方面的问题常常会阻碍人们前进。想想你自己的一些事情：为了实现自己想要的，可能需要放弃旧的信念，这样一来你和自己的关系就会发生变化。为了真正达成目标，你也可能需要改变自己和他人的关系。

每个人都不一样，也需要因人而异的方法。愿景和第一步是并存的。我们不需要看到道路的每一道转弯，只需要看到这条路是真实可行的，也是可以被有效地追踪到的。**然后**，上路出发就好啦！

这就意味着，在心底里你意识到自己**将要**去做，只需要知道自己会到达。这就是保持最终目的地的愿景画面的力量，并且期待内在的 GPS 导航会引导你找到路径。保持这份愿景，去体会已经实现了愿景的感觉，生命就会为你展现出惊奇而炫目的样子。

I.A.M 公式

意愿 + 注意力 = 精通的示现

（Intention + Attention= Masterful Manifestation）

我们来分解一下这个公式。意愿就是你为自己的未来所做的果断决定。你的意愿就是你选择为自己和他人去创造的东西。意愿就是将你宏伟的未来愿景铸造出来，让身体的每个细胞都感受到这份愿景。

注意力就是全神贯注在当下。是你觉察自己的内在生命，同时完整地看到、听到、感觉到这个世界。是你意识到当下的丰富和美丽。

意愿和注意力有力地走到一起，穿越时间，成为展现你愿景的合适条件。当你把注意力放在受启发的想法、感受之上，根据自己深思熟虑过的意愿去行动的时候，就能精湛地展现出你所想要的。

> 意愿和注意力有力地走到一起，穿越时间，成为展现你愿景的合适条件。当你把注意力放在受启发的想法、感受之上，根据自己深思熟虑过的意愿去行动的时候，就能精湛地展现出你所想要的。

问题4：如何知道自己已经得到了？

在探询计划时，这是我们能问出的最有价值的问题之一，因为它使得人们通过最终的目标来通盘考虑计划。我们问客户："如果你已经拥有了它，你会拥有什么？"这个问题鼓励人们找出证据，向自己证明目标已经达到了。

你如何知道自己已经得到了？多种问法

- 当目标完全达成的时候，你怎样识别出自己已经完成了？
- 你已经完成这件事的信号是什么？
- 你怎么知道自己已经很好地完成了这个项目？
- 你怎么知道自己已经到达目的地了？
- 你怎么知道这个目标已经实现了？

仔细思考目标实现的证据，也会点出关于目标本身的不清晰之处。随着成果的获得,你同样也收获了目标背后的深层价值。这个人在他/她的生活中寻求的感觉是什么?例如,如果一个人想要更多钱,那么什么样的结果会告诉他们这个目标已经达成了?如果目标是"更多钱",有人给你20块钱,这算达成目标了吗?目标背后的目标达到了吗?如果一个人想要"更多爱",那么什么东西会告诉这个人目标实现与否?一个拥抱,一次约会,一张贺卡,一瞬间的感觉,长久的感觉,还是求婚?问题4将对愿景和计划的思考拓得更宽。见图8.2。

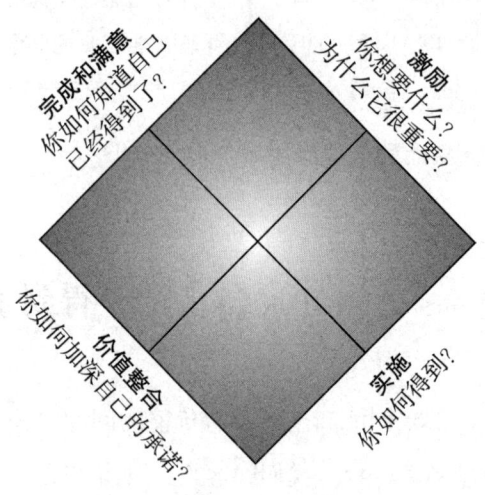

图 8.2　四象限模型中的四个计划问题

要用好这些基本的计划性问题,要求你在亲和关系、制定合约的问题(第7章),以及第9章的成果框架三者之间做感知的跳跃。这几个相互交织的方面创造了教练体验,让我们能够全然支持对话伙伴,支持他们为自己未来的成功建立坚实的框架。

可以说,学教练在某些方面就像学开车。首先需要打火,预热发动机,还要通过有效的亲和关系,让车持续行驶。我们需要同时做几件事。

我们需要用合约问题来有力地瞄准,知道自己去哪里。也要愉快地驾车到达目的地。(你是否曾经到过自己不想去的地方呢?)

第九章
设计梦想：成果框架

在创造某样东西时，我们总是先以思想的形式创造出来。如果我们持积极的态度，去期待、去展望愉悦、满足和幸福，就会吸引并造就符合我们积极期待的人、情境和事件。

——莎克蒂·高文

🐦 成果框架是一个极其有力量的组织框架，它支撑着转化式的对话。我们用成果框架来帮助人们倾听，倾听他们自己创造成果的基本原则，让他们不偏离正轨。

魔鬼和真理

魔鬼和同伴走在路上，走着走着，他们注意到一个人在树下兴奋地发出信号，呼叫附近集市上的人们过来。这个人手里拿着个什么东西，大喊大叫："看我找到了什么！"

魔鬼跟同伴说道："哦，他刚刚找到了真理！"同伴回答："这就有意思了！我很惊讶你怎么一点也不着急啊。真理这种东西会立即让你就没事可干的，不是吗？"

魔鬼笑着回答："没事的。要不了一两天，他就会把真理变成限制性信念，或者忘掉自己曾经找到过它！"

真正与自己深层的真相合一，与每个小意愿之上的意愿合一，并且学习如何长期保持这份深层真相的鲜活，将其作为人生的指南针，对人类来说是一个大问题。举例来说，你可能学过，在人生旅途上"停下来，细嗅玫瑰"的重要性，给予他人无条件的爱和宽恕的重要性，以及注意给予和索取的平衡，以有效地投中目标的重要性。但有些时候，我们"忘记"了活出这些真相。

外界的喧嚣之中，在一个接一个小目标挑战着我们的头脑时，关注真正的大目标并不容易。问题在于，我们如何保持真正的价值观，在忙碌和遇到挑战的时刻，记得从价值观出发？当暂时看起来更重要的事情出现在头脑中的时候，比如吃午饭、电话响了、紧急会议、牛奶洒了、迟付账单等等，人们就很容易忘掉自己的意愿或者目标。

过去的优先事项也会抓住我们的注意力。一个人可能坚决发誓不去重复做一件痛苦的事情，他告诉自己"我永远不会忘记这个教训"（注意这个内在信息里的负面框架）。然后这个人就会被这些以前的论断牵着鼻子走，把时间和精力放在回顾过去上。有可能在全新而有趣的选择出现时，旧有的、对过去的优先事项有用的选择，变成当下要优先去做的事。这样一来，他就会失去一个学习、成长和发展的机会。

整个旧有的信念系统，以及昔日想法的纷扰，很容易把我们的注意力从重要的目标转移到当下。而跟一个装备了合约问题（第七章）、四个计划问题（第八章）以及成果框架（本章）的教练一起进入教练对话当中，最终我们会得到支持——无论旧的分散注意力的事情如何拉扯，我们都会持续聚焦在目前的优先要务上，与当下最重要的事情联系在一起。

成果框架是一个极其有力量的组织框架，它支撑着转化式的对话。我们用成果框架来帮助人们倾听，倾听他们自己创造成果的基本原则，让他们不偏离正轨。当你能持续保持本章的成果框架原则，带着这个框架去倾听，就会帮助人们找到核心目标，并聚焦其上，即使在强烈的情感小鬼干扰下也一样能做到。让我们来透彻地探索一下这个框架，其中提出了有效达成成果的四个必要条件。

成果框架是什么

就像第七章所描述的，作为教练，在问合约式问题的时候，对成果的倾听过程就开始了。你要去到教练位置，提问合约问题。要成为有效的教练，你需要有力地倾听成果框架，就像交响乐团的指挥第一下挥出指挥棒，让乐团集中注意力一样。这种内在的召唤，对成果框架的聚焦倾听，能够有效地开启整个对话。

在倾听对方对合约问题的回答时，基本上我们倾听的是四个主要方面。如果四者齐备，这个人就走在通往成功的正轨上。如果有缺失，你作为教练就要问问题，让他们回归正轨。成果框架就像指南针，让人们调整方向，驶向目标。

对话的合约问题提醒教练去积极地倾听，并问自己："这个人告诉我的，是他/她想要的，还是不想要的？这个人想要的是在他/她的可控范围内能够做些什么的吗？这个让人想要的是具体、可行、可衡量（SMART）的吗？这个人知道怎样能证明他/她达成了目标吗？"这些元素就是成果框架，决定着你如何展开一段有效的教练对话。只要彻底而周全地发展了成果框架，就会修通通向成功的坦途。以下是成果框架的细节：

1. 对话应该是**正向陈述，对这个人真正重要的**。为了得到结果，人们必须聚焦于自己所想要的，而不是不想要的。
2. 约谈的成果是这个人**可控的**，而且可以自行保持。
3. 目标是 SMART 的：具体的，可衡量的，可实现的，现实的／相关的，以及有完成时间期限的。
4. 最后，客户要有一个清晰的概念，就是他／她在对话的结尾要得到什么，就能够证明这是对时间和精力的最好使用方式。成果值得去争取，要对所有的有关事务有用。需要是**整体平衡**的，与客户整个生活相匹配。

让我们逐一来看看成果框架，清晰地理解它们的相关性。

正面陈述

要获得巨大成果，就需要用正面的语言来表述目标。

有效的成果总是会在头脑中创造出正面的、启迪灵感的画面。要帮助被教练的客户聚焦于那些创造出清晰成果的关键问题上，而不是他们不想要的东西上。如，"你想要什么？""对你来说，最重要的是成为、做到或者拥有什么？""你的意图是什么？""你最高的愿景是什么？"在视觉想象的时候，成果总是会给头脑带来一个内在的影像，让人们感觉很好。

例如，"我想要戒烟"就不是正向陈述的。客户可能会看到自己在抽烟，但是试图不去吸的画面，这感觉并不好。要支持客户清晰地用正向陈述来表达。"我想要持久不变的健康的选择，来清理身体系统，清透地呼吸。"就是一个正向表述，创造的是积极的内心影像和良好的感觉。客户就会视觉化他们健康的生活方式。

人们用负面语言来陈述目标的时候是在花费能量去避开不想要的状态，这感觉并不好，而且实际上会创造出更多负面的体验。就像我们说过很多次的：你的注意放在什么上面，就会得到更多——想什么，就来什么。想法会变成现实，而能量会随着注意力流动。成果框架很有力量，因为你是在朝着想要的状态前进。不可阻挡的成果，或者说下定决心要实现的意图，是我们可以视觉想象出来，向前推进，同时又感觉很好的。

客户表达了正向意图之后，我们要支持他们去体验，感受从画面中来的能量，感觉得到自己想要的成果之后的存在状态（Be）、做的事（Do），和所拥有的东西（Have）。关键在于客户看到自己实现了目标，感受到已经拥有了、达成了目标之后的感觉。积极的感受会帮助人们更快地创造并实现自己所想要的。

检查以下教练案例，核对一下它们是否符合成果框架的标准，是否是完全正向的，能够激发"趋向"的能量。注意，有时候我们需要很仔细地聆听上下文，聆听语调语气，看我们是否拿到了成果框架，还是对方有隐藏的意图，或是表面想要，而内在是"我不想要"的"避开"能量。

案例1：假设某人说她想有更多的创造力，更多的技能、选择，或者行动步骤。教练可以支持她想象这些东西是什么，理清什么东西可以使她在每个领域都有所进展。我们可以支持她带着灵感的启发，展开并看到使她"趋向"目标的元素。

案例2：假设客户说"我想要更多的保护、安全感、隐私、意志力、自由、诚实"等等，那么有可能客户更关注的是要"避开"的东西。这里面可能包括了安全感、成瘾、自我控制、冲突方面的问题，或者内在、外在的羞耻感，指责的问题。这些可能更多的是客户不想要的，而不是想要的。

当你感觉到成果是由"避开"的能量主导，讨论更多安全感、隐私、意志力、自由、诚实等目标背后更高的意图，总是有用的。主要是要引发成果之上的成果。比如你可以问："如果你已经拥有了自己想要的所有意志力，那么安全感给你带来的更重要的东西是什么？"这会帮助人们找到那个激励着他们的，真实的、正向的意图。这样客户就能够想象出自己的真实目标的画面。

在当事人可控范围内

检查这个成果是否在当事人的可控范围内，最好的问题就是："有什么是你想要的，而且是在你控制范围内可以做些事情的？"例如，一个人想要自己的伴侣戒烟，这个成果是他/她不可控的。类似的，人们可能无法掌控的有：确保晋升，这取决于个人的内在愿景、行动和外部环境的联合作用。

有时候，可控和不可控之间的界线很细微。如果这个人的目标是为了晋升而准备好自己，去寻求一个能最好发挥自己技能的职位，提升技能来满足晋升的需求，或是向内看自己真正的品质和态度，聚焦于做到自己的最好水准，这些做法都是将晋升的可能性更多地纳入自己可控的领域之内。即使最终的决定不是这个人做的，聚焦在自己身上，和自己可控的部分之上，也会增强工作的动力和自信。

如何掌控自己的命运，是一个通常具有很多层面的问题，也是需要去细细思索的。在这个领域中，强有力的教练对话会创造出深层的觉察，觉察到我们真正能掌控的程度。教练的关键在于支持客户把握住愿景，并开始探索其中的细节。

你可以问："保持着你想要的愿景画面，去感受已经实现了这个愿景的感觉，请你坦诚地说：这个成果在多大程度上是你可控的？你认定哪些可控哪些不可控所依据的特质是什么？有哪些方面要仔细研究其可行性？还有谁要被包括进来？你怎么样打造出最棒的团队？什么地方你可以真正发挥影响？"

有时候，用一条可能性的长线来思考会对你和客户有帮助，可以使用1到

10分的度量尺，1分是"几乎完全不可控"，10分是"几乎完全可控"。你自己的或者客户的项目都可以加以深思，放在线上，对每一个方面的可控程度打分。这里可以通过问封闭式问题来澄清。例如："他人的决定需要你跨越某个门槛吗？""还要取得财务支持吗？""在时间框架上，还有没有哪些元素比较模糊，需要进一步具体？""需要把谁排除在项目之外，你就可以在自己可控范围内开展行动？"

要注意，所有"不可控"的观点都容易拉低动力，也可能引发停滞，带来困惑。问题在于这个人如何将被认为是不可控的因素带入自己可控范围之内？这个人能够控制的是什么？一个人如何控制自己在某种情境下的想法、持有的态度、展现出的品质等等？

对教练来说，支持客户朝着可行的目标建立有力的行动步骤，就意味着要先支持他们列出自己可控和不可控范围的清单，真正地清晰他们的下一步策略。你可以问："什么样的知识或计划，会让你的项目更加容易而自然地展开？""你可以问自己什么样的开放式问题，来创建这样的计划？"

练习：双清单法

这是用来创造"可控范围"意识的非常有效的方法，我们称之为双清单法。

- 让客户创建两份并列的清单，一个是**"可控"**，另一个是**"不可控"**。第二步就是和客户一起进行头脑风暴，提问题帮助客户用大画面思考，在头脑中将项目从头至尾的细节要素向未来投射出去，直到项目完成。
- 在这两栏中，列出所有在客户能力范围内能够引导行动的信息，以及不在能力范围内的信息。这样客户就有了两份清单。
- 从此处开始，你的教练对话要去探索如何将**"不可控"**栏目中的项目移动到"可控"的栏目中。其中可能涉及在一些关键领域中透彻地探索，如何将"可控"部分的打分一步一步提升上来。这些领域可能包括行动步骤，以及价值观、信念、态度、内心策略和能力。

如何将双清单的对话向前推进呢？可以让客户从项目完成的时间点向后看，视觉化一些他/她将"不可控"的元素变为"可控"的方法。这样会让客户站在未来已经获得成果的那一点，去看到并感受到。这样会帮助客户发展出画面，或者微观愿景的影像，那些帮助他们实现目标的品质、态度、情绪状态、信念、价值观及行动过程的画面和影像。

教练也可以提度量式问题，让客户用头脑风暴可能的方法，在有困难的方面，向着实现目标前进一小步。可以问："你怎样能够在这个有挑战的领域，将可行性提升一分呢？"

这个目标符合 SMART 原则吗

SMART 目标是指具体的、可衡量的、可达成的、现实的/相关的，以及有完成时间的目标。使目标具体化，就是精确地瞄准目的。目标具体，我们就确切地知道教练对话要达成的是什么。通向目标的每个步骤都要与想要的成果一样具体化。

每个步骤都需要与实际的目标本身一样**可衡量**。如何有效地衡量成就呢？每一个单独的步骤，很显然都需要是**可达成的**，并且导向目标的实现。我们需要问："这些行动步骤真的是**相关的**、**现实的**吗？通过采取这些行动，我们可以预期到成功吗？"如果目标不是真正跟客户的长远生活相关，而且跟他们其他的目标不匹配，可能就无法有效地持续下去。如果由于目标太大，或时间太紧，因而不现实，我们直觉上就会知道，而不去采取行动实现它。

每个行动步骤（以及总体的目标）需要有完成的**时间期限**，有具体的实现日期。时间框架对目标的实现很重要。我们需要支持他人和自己去尊重我们为目标所设置的时间框架,并且仔细设置时间,因为我们的内心会遵循这些框架。如果我们把时间设置得太长、太短或者根本没有框架,那么这个目标就很容易失去动力,变成一个可能缥缈的未来。

那么,帮助客户让目标变成真正的 SMART 目标的步骤是什么呢?

盘点客户要实现目标所拥有的或者所需要的资源。在计划的过程中,对所需资源仔细核查是计划流程的一部分,它自然地开启了人们的计划和准备工作。考虑所需资源及其获取方式,以此开始,将渴望的成果变为现实,这是很好地使用时间和精力的方式吗?提问:这个目标是不是**切实**可行?

确定具体的能够证实成果产生的证据。完成的时候,这个人怎么确定自己的成果已经产生了呢?能看到步骤吗?什么能证明这些步骤是通向目标的?有其他人曾经做到过吗?

包含了成功证据的目标陈述,构成了比没有证据的简单叙述更为强有力的愿景。例如,"我想要更幸福的家庭生活。"这样的陈述不具体。通过加入对幸福家庭生活的满意度这样的证据,目标就得以澄清了。这样的证据可能是:"我想每周有五次平静的家庭晚餐,餐桌上积极谈论当天的事。每周全家出去一次,在生日和节日,组织家庭聚会。"注意,没有经过仔细的事先检查和确定,证据就没有力量吸引客户及其家庭成员注意。对于"幸福家庭"的含义,其证据是什么,每个人的解读都是不同的。没有证据,目标就只是概念式的,不是有意义而触手可及的。通过设定可达成的目标,我们就瞄准了一个具体的、可衡量的、建立在感觉基础上的结果。

第二个要素就是应急预案,仔细探索可选方案或者 B 计划。如果人们看到了获得成果的一个途径,可能就会感到满意,而不再进一步寻找其他选择。作为教练去聆听,可以去检查达成目标的几个好方法,这样一来,人们就学会了制订备用计划,以支持他们走向成功。"你的应急预案是什么?""可能会遇到什么样的障碍,你如何提前解决掉它们?"B 计划的不同选项,可以通过四个计划问题来进一步探讨和澄清。

这个目标是整体平衡的吗？

在这点上，我们后退一步检查大画面。**整体平衡**，意味着研究环境中的所有相关因素。评估整体平衡，同时也意味着检查这个目标是否和其他目标相匹配，是否对所有人都好。我们或许能问这些问题，或许不能问，无论如何，将我们的注意力打开都是有用的，至少要简短地看到大大的画面。

知道了客户的目标，你可以检查他们更大的意图："为什么你想要这个成果？"如果客户当下不清楚自己的目标，可以用两种方式来迅速解决这个难题。首先，你要要求客户去思考实现这个目标之后，能够创造出的更高的目的，或者更大的意图。如果更大的目标很模糊、不具体，要通过提问来细化愿景，将其变为小的、具体而有意义的成果。这种方法会帮助客户澄清一些重要的方面，将其作为实现目标的相关时间框架来考虑。

就像生态学家要考虑环境中每个部分如何匹配并共同起作用一样，你会发现，实现目标如何与人们生活的其他部分相匹配，这项探索是很相关的。如果要承诺实现的某个目标和他们生活的另一个部分相冲突，就不是整体平衡的，也不大可能成功。要帮助客户检查获得了渴望的成果之后，带来的所有相关结果，因为这和他们的整个生活相关。

教练可以用来向自己内在提的问题举例：

- 这个目标的实现，以及客户心中其他目标的实现，会以什么样的方式影响到他人的生活？
- 有没有更有效的方法，来创造共赢的局面？如果我能看到这些局外人，那么客户有没有考虑到他们呢？教练或许可以用"中国菜单"的方式和客户一起头脑风暴。（记住，教练需要克制做专家的能量涌动，不替客户决定什么对他们最好。）

- 有没有其他选择、更好的顺序来实现目标，或者用某个目标的实现来帮助另一个目标的实现？这里提问应急预案和不同时间框架的问题会比较有用。

- 有什么方法可以更好地使用人力、时间和精力？这个目标值得吗？他如何知道是否拿到了结果？

开发未来的有价值的方法

在你和客户一起工作，帮助他们建立完善的计划时，以下指南可以让客户在离开教练对话时被有力地赋能，关于有效的下一步行动，他们内心因为有一个被组织起来的完善计划，而让自身被赋予非常强的力量。

抽离和投入的体验

使用**抽离**的视觉体验来做计划。你可以问客户："看到你和其他人，就好像你是在一块屏幕上看到所有的人，看到各阶段的行动是如何展开的。当你在这个内在的电影中看到自己，感受那种已经实现目标的感觉，你是走过了哪些步骤，达成了这个成果的呢？"这是抽离的视觉体验，意思是这个人是在内在的电影屏幕上看到自己。

亲自探索抽离的视觉画面是很重要的，因为抽离状态和投入状态有着截然不同的性质。抽离的状态下，你看到自己，意味着你是从体验中离开的。就像是看电影，是从外部去看、听和感觉的。你可以通过留意自身视觉化图像中的抽离状态的性质，来探索其中的不同。例如，用意识的眼睛来看到自己坐过山车，那是什么样的？想象自己坐在游乐园的椅子上，看到另一个"那边的自己"，坐在过山车上，准备好要启动了。你可以在椅子上，舒服地看着，目睹自己沿着轨道飞越各个角落，上下起落。

在抽离的状态下，总是会有一部分的自己在觉察着另一部分的自己的状态，这样你就有了余地，去设计认知角度和行动的转换。你可以一边看着自己在坐过山车，一边保持着放松和舒服的状态。从外部看自己时，你不会很深地体验到坐过山车的刺激，但仍旧能感受到那种感觉。

使用**投入**的体验来建立联结感。**投入的状态**意味着投入全身的体验中，从自己的眼中去看画面。例如，坐上同样的过山车，被固定在前排座椅上，从自己的眼中看出去。这就是投入的体验。你可以感受到推力和拉力，听到过山车的轮子咔嗒咔嗒响，看到下面的轨道，还能从坡上直接看到下面。

在投入的状态下，我们完全地投入到当下之中。当下的发生占据了所有的觉知。而由于完全沉浸在此时此刻，你根本就没有多余的注意力去觉察自己"正在有这样的体验"这回事。

强烈的投入型的人，当他们发展出跳出去的能力，从教练位置去审视生活时，就会获得巨大的力量。教练位置意味着去设计有效的自我观察、审视。这个位置不仅会帮助你自己，还会帮到客户。

就像第一章所说，教练位置是跨出体验，从更大的、成果导向的抽离位置来总览全局的。只有从有效的、抽离的教练位置上，我们才能看到大画面，留意到最好的问题。然后，在问出内在的问题时，我们会观察到完整的体验。这个有利的位置使我们能够根据自己的价值观和对当下情境最有效的反应方式，来重新组织可行的计划。

对投入和抽离的体验兼收并蓄，能让我们在更广泛的体验范围下提问和检验。通过适当地走进（投入）和走出（抽离），我们会成为强有力的观察者。我们可以走出来，去留意并提问：自己是否在体验自己想要的？然后再走进去，用全身的细胞去感受那个时刻。这就是真正的内在的灵活性。

教练的关键点

对教练和客户的其他关键指导如下：

1. 总是首先关注有丰富感知信息的目标

当人们看到、听到、感觉到项目的完成，聚焦于此并沉浸在体验中时，就会受到激励，并保持动力。要确保人们在走向自己所想要的，能看到完成时候的画面细节，能够鲜活地感觉到它。

当一个人清楚了自己所想要的，要注意的是，他可能会立即想到该**怎么做**，愿景可能会变得难以承受，小鬼就会跳出来。因此，在详细询问"你将会如何实现它"之前，要花时间在愿景上面，感受已经拥有了成果的感觉。问："你的成就会影响到谁？""通过实现这个愿景，你给世界带来了什么？""在这个愿景画面中，你是谁？""你体现出了什么价值观？""你对这个成果有多满意？""你怎样可以让它更好？"关键是让客户观察最后的结果，为自己正在走入的未来服务。

2. 带入时间因素

"未来的什么时候，我就会实现这个目标？"目标就是有时间期限的梦想。你想要的内在画面清晰、具体、全面而细化。其中一个关键因素就是注意完成的时间期限。在你想要的时间线上，看到、听到、感觉到已经获得了想要的成果之后的感觉。

3. 具体化

想象通往未来的旅程，思考目标实现后具体的感知证据，往往是有效的。深层觉知的头脑总是被细节所驱动。想要更多的钱，就是一个好例子。这个目标可以具体化为银行储蓄账户中的 50 万美金。也可以把印着相应数字的存款单的图像作为目标实现的感官证据。或许这个目标背后的目标是财务自由的感觉，这感觉是大笔现金带来的。而无形的证据，可以是安全感，是保障，是自由。

为什么这些感觉很重要呢？或许这个人希望可以有更多跟家人和朋友之间的爱的连接，可以花更多时间待在大自然里。在人们带着欢欣鼓舞的状态，一步步朝着目标前进的过程中，每一步都需要相应的证据，来标明这一步是满意地走完了。

我们用地图来类比。如果你要开车去相邻的城市，路标会告诉你现在的所在，以及和目的地的距离。在定义成果时，你的任务就是要选择自己的路标，那些能告诉你是否走在正轨上的标记。如，你看到、听到或者感觉到什么样的成就，就会知道自己是在正轨上？

4. 充满激情地写下你想要达成的所有细节

耶鲁大学的一项研究指出了书面目标的价值。要写出目标，需要先看到目标！耶鲁大学 1954 年的毕业生，在毕业时被问到是否有具体的书面目标。只有 3% 的人写了下来；大约 10% 的人有具体的目标，但没有写在纸上；其余的人没有具体的目标。20 年之后重新调查这些人，哪个群体的人更成功呢？你一定猜到了——3% 的人比其余 97% 的人加起来的表现都要好。

5. 每天付诸实践，至少 21 天

要成为实现愿景的那个人，你必须每天都练习，去看结果达成后的愿景画面。每天的实践会让头脑和心灵保持长期的专注。例如，每天早晨醒来，花几分钟将思维聚焦在意愿和成果上。你可以舒服地坐着，闭着眼睛，想象自己想要的已经实现了。去感受愿望已经实现之后的感觉。这种感觉的发散创造了吸引力。

6. 每天用最有效的方式做视觉化想象

要让每天的实践有最大的效果，人们必须觉察到自己内在的视觉化习惯。例如，你可能习惯于跳进梦中，投入其中用自己的眼睛去看。甚至你可能相信，一次次地投入体验，就像当下发生的一样去看，会让目标最具推动力。但还要考虑到，此时看到的只是部分真实，这种形式的愿景画面主要是和情绪脑——边缘系统连接在一起的。（更多信息，参见《教练的艺术与科学》书系第一部《唤醒沉睡的天才：教练的内在动力》第二章。）

情绪脑的动力因素和投入的视觉画面在一起，通常被自我对话和自动化的内在声调所占据。这很好！内在对话的语调很重要，因此，对自己的目标要使用自我推动的语调。用你想要的方式把目标**说出来**，就像当下正在发生一样，去感受拥有它的感觉。用现在时态，热情的语调，充满激情地说出你的未来，就像正在发生的事一样，写下你的目标。

例如，"我在这里，现在是 10 月，我很开心，很感激的是我可以慢跑了，而且感觉精力充沛！我感觉太棒了！"在当下宣告的时候，同时看到自己在慢跑！

这样一来，愿景画面就是抽离的了！从摄像机的视角，看到你自己的全身在做慢跑动作，同时将感官体验变得丰富起来。

这是一个非常重要的区别，因为通过这种视觉化方式，将情绪脑——边缘系统和大脑的视觉皮层联系起来，因而愿景画面的展望过程变得更有力量，有长期的激励效果。

7. 每一个时刻，我们的有意识注意大约有四个思维的"模块"的容量，要用好它们

设计你的成果，将有力量的、吸引你的、流畅的知觉体验最大化，并把享受度加入到所有方面。

这就意味着你要帮助客户增强抽离的、感知信息丰富的视觉画面，看到他们的计划带着鲜明的颜色，让实现目标的影像变得明亮、清晰而透彻。你可以提醒客户看到有效行动的流动过程，看到相关的人们享受这些事件，在朝着成果前进。最重要的是：让客户看到他们的成果，在当下就感受到拥有了成果的感觉。体会这些感受，听到内在声音的推动，看到自己，看到自己的成就如何影响其他人。用这种方式来使用注意力模块，会将内在影像的力量发挥得淋漓尽致，创造出磁力效果，把成果带给客户。

8. 实际行动的时候，一定去体验并享受每个当下

实时的投入，就是当你全身心投入行动，体验到当下丰富的感知信息的时候。体验某种状态的唯一方式就是进入并拥有它。学着进入当下这个超越时间的维度之中，选择将感激、愉悦和爱的感觉放射出来。在当下，选择能够支持你去感受这些感觉的想法和行动，你就能够自然地将更多感激、愉悦和爱带到生命中。关键就是当下。

> 体验某种状态的唯一方法，就是进入并拥有它。

总结并进一步区分投入和抽离的状态，要注意以下几点：

- 投入的视觉想象可以用来加深感受，投入其中去尝试未来的成果。
- 为了强化全脑连接，要每天用抽离的方式来做视觉想象的流程，看到自己全身的运动。最好的内在视觉想象，是抽离而又有丰富感知的。这种视觉化是最具长期激励效果的。
- 在行动过程中体验"当下"的活动时，要尽可能地投入其中。把想法和行为聚焦于令你愉悦的此时此刻，完完全全地融入感觉之中。在这一刻，细嗅生命中美好体验的玫瑰。如果把注意力放在棘刺之上，或思绪飘飞而错失此刻，你可能永远都无法体会当下时刻的壮丽。

在生命将尽时人们常会意识到，早年间自己把享受一拖再拖，而错失了关键的体验。通过小小的，要求他们延迟满足的内在对话，人们不断拖延。还没到生命尽头时，许多人会这么跟自己说："我做完论文，就能再次开始享受生活了。""孩子们离开家以后，我们就真的可以开始享受生活之乐了。""我退休以后就会享受快乐生活了。"

9. 心存感恩

快乐，以及纯粹的幸福，是全身心的投入状态。想想是否有些事情阻碍了你感受当下，如果有的话，转移注意力是非常重要的。通往快乐和幸福最快捷的方法，就是心存感恩。无论你的境遇如何，总会有些什么是要去感谢的。

有意识地选择在心中拥有感谢，这样你自然而然地会感觉良好。好处在于，你越是关注自己所感激的事物，你就会越多地引来更多值得感激的东西。你可以选择当下的快乐,而这样一来,你就自然而然地为自己的未来创造出更多快乐。多棒的礼物啊!

想一些类似以下段落的内在祷文或誓词:"我深深地感恩自己当下的为人。我深深地感恩自己将要成为的样子。我深深地感恩那些我认为理所应当的事。我深深地感恩自己所进入的领域。我深深地感恩自己的愿景在当下的实现!"

投入感恩之中,能够怎样支持你设计更加鼓舞自己的梦想呢?感激之心如何能支持你成为更好的教练呢?

你现在感激的是什么?

下表是对这9点的总结。

教练的关键点

1. 总是首先关注有丰富感知信息的目标。
2. 带入时间因素。
3. 具体化。
4. 充满激情地写下你想要达成的所有细节。
5. 每天付诸实践,至少21天。
6. 每天用最有效的方式做视觉化想象。
7. 每一个时刻,我们的有意识注意大约有四个思维的"模块"的容量,要用好它们。
8. 实际行动的时候,一定去体验并享受每个当下。
9. 心存感恩。

第十章
逻辑层次的内在协调

拥抱变化,但不要丢掉自己的价值观。

——藏传佛教高僧

🐦 逻辑层次与成果框架是转化式沟通的基础构成。成果导向的教练要让对话具有转化力，会用逻辑层次作为框架和流程来组织并收集信息

价值观及其设计

价值观自有其设计。在探索深层价值观的过程中我们注意到，总是会有某种可被认知的内在清晰状态。我们能感知到并进入这种状态，能成为它。非常巧妙地，我们变成了自己所珍视的东西。

价值观的清晰状态可以在不同情况、不同项目中探索。就像水结晶或雪花的形成一样，价值观会融合、汇聚，创造出聚合的价值呈现。在我们自然的内在成长之中，总是暗含着相应形式的价值观。

逻辑层次问题中的价值观设计形式

我们每个人的价值观当中都有许多内在的选择，就像小小的身份在回应着，许许多多内在的"我"。这些内在的"我"，也可以加以结构化、协调一致并澄清，以匹配我们生命的核心，或者我们组织的关键项目。可以问：如果我们领导了这样的生活方式，那么在我们的生命中，以及我们所触及的他人的生命中，我们会成为**谁**？本章所述的逻辑层次问题，就是非常好的系统，能让我们做到这一点。

逻辑层次结构的创建，带来了一种提问的范式，这些问题让你去探索和发展，去感受与任何内在价值观结构相连的价值观和愿景。这样一来，你就可以选择当下最好的价值观结构。逻辑层次的问题能够让你感受到、看到自己在所做的项目中的整体存在状态，这些问题能让你很好地探索。这也是逻辑层次的有效之处。

> 逻辑层次结构的创建，带来了一种提问的范式，这些问题让你去探索和发展，去感受与任何内在价值观结构相连的价值观和愿景。

逻辑层次问题真正了不起的作用，是我们能够找出任何项目中的"价值观设计"，并依此创建最好的行动方案。如果你创建了清晰的逻辑层次问题，用这些问题将项目系统化，就会更容易比较不同项目的价值，选择分配时间和精力的最佳方式。

成功处方中的逻辑错位

在为价值观那如雪花和水晶般精美绝伦的设计而赞叹时，不难发现，在生活的各个领域中，人们的思想和行动在逻辑层次上错位的现象。这些错位都是假设，是一些小的信念系统主导了人们的时间和精力，影响了他们有效安排事务次序的能力。例如，有些人认为只要每天好好**做**自己的工作，就能**拥有**自己想要的，之后他们就能**成为**重要人物，你认识这样的人吗？还有人认为只要他**拥有**一辆好车，就会**成为**能够吸引他人爱自己的人，可以**做**有意思的、刺激的事了，这样的人你又认识吗？

转化式的教练沟通理念，是邀请你以不同的方法论去过你最好的生活。想一想，当你首先关注你是谁，和你最珍视的东西（你如何在世界上**存在**），并将真正的自我带入思想、感受和行动（你在世界上**做**的事情）中，就会自然而然地**拥有**自己想要的成果。这就是无缝运行的组织，它展现出的，是自我天然的、功能上的内在一致（校准状态）。

逻辑层次的提问会将这些功能组织起来，抽取出来。因此，它是服务所有其他教练工具的教练工具。通过学习在不同教练领域中自如地使

> 成为→做到→拥有

用逻辑层次的方法，会提升你的教练沟通水平，提升客户的激励水平、动力、愿景和整合程度。我们先说说思维和项目组织方面的逻辑层次，然后再讨论在教练中使用这个天然的内在系统的不同方法。

思维的逻辑层次

爱因斯坦说过:"你无法在制造出问题的同一个思维层次上解决这个问题。"他是什么意思呢?罗伯特·迪尔茨(Robert Dilts),美国加州的一位神经语言程序学(Neuro-Linguistic Programming)专家,他在格里高利·贝特森(Gregory Bateson),伯特兰·罗素(Bertrand Russell)和阿尔弗雷德·怀特海德(Alfred Whitehead)前期工作的基础上,设计出一个优雅、简洁的模型,来观察我们的思维系统,被称为逻辑层次框架。逻辑层次和神经层级二者是有效结合在一起的。这个简洁的模型深刻地展现出人类是如何在世界上运转的。

> 爱因斯坦说过:"你无法在制造出问题的同一个思维层次上解决这个问题。"

这里所讲的逻辑层次模型,能够帮你把环境、行为、能力、价值观、身份和生命意图协调一致,它会挑战你去思索更高的生命意图,做出柴米油盐之外的贡献——无论是在工作、家庭、社会,还是在灵性的领域。使用这个天然的内在组织系统来提问,会加深教练对话。逻辑层次可以很容易地适用于个人、社会或组织的层面,在应对这些领域的变化,或者发展有效的项目计划方面尤为有用。

在教练方面,逻辑层次与成果框架是转化式沟通的基础构成。成果导向的教练要让对话具有转化力,会用逻辑层次作为框架和流程来组织并收集信息,这样教练和客户一起工作时,就能够锁定在哪个层次上进行干预和探索是最好的。我们提出精准而有用的问题,决定接下来的行动步骤,让想要的变化发生。

"逻辑层次"这个词组,表明每个项目里都隐含着内在层级。而项目发展的每个内在层级,都逐层比下面层级在心理上包含更多内容,更有影响力。这个框架让我们将行动和结果分开,将能力与身份分开,这样人们就能够创建有效的成功模型。理解逻辑层次，能够帮助一个人超越限制性的信念，超越认为人的身份或能力由过去的成败来决定的信念。这样做的结果，就是更清晰的思路，以及对无限可能性的更大觉察。

用于转化式对话中的问题：自上而下的逻辑层次模式

那么，我们探索项目的最为有效的层次有哪些呢？想象一个金字塔，它代表了内在组织系统的阶梯模式（见图10.1）。在罗伯特·迪尔茨的模型中，六个重要的逻辑层次整合在一起，可以看做任何项目的中心，这些层次也暗含在每一个想法中。从高到低，我们用一个层级图来描述这些逻辑层次：

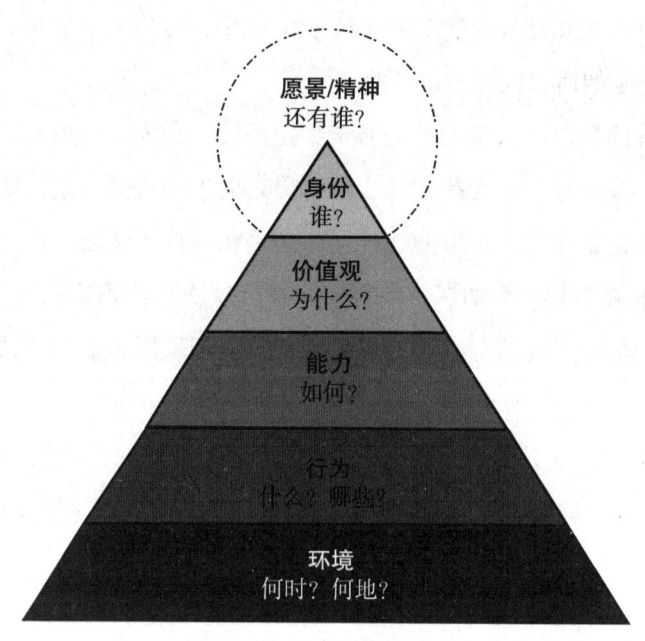

图 10.1　逻辑层次

我们来看看个人生活各个方面的逻辑层次。顶端的**愿景/精神**层次是指我们生活的第二层级，它处在个人之上。与之相连的问题是：还有谁？还为了什么？还能怎么样？等继续向外扩展的问题。这些"还有"类的问题导向了第二层级的思考：传承和贡献。

身份，第一层级的顶端，开启了**个人的**问题层次。它指的是你内在对自己的基本认知，是你核心的生命隐喻，它是每个教练对话中要聆听的关键领域。身份的重要之处在于，它有意识地把你的愿景和生命意图表达成使命，以及你选择扮演的角色。这个层次回答的问题是：我是谁？我是什么样的人？我生命的目标要求我做什么样的人？我的选择会告诉其他人关于我这个人的哪些事？

价值观层次，是指你真正的核心价值。价值观是鲜活的概念，能够通过身体去感受和认知，它们是我们身上固有的。价值观是你内在的雪花和水晶。有哪些价值观是你秉持的真理，是你日常行动的基础？**注意**：价值观总是积极正向的，是一直在成为的，而信念可以是赋能的，自由的，也可能是限制性的。许多人被信念所阻碍，脱离了自己重要的价值观，就像是迈达斯点石成金的寓言故事一样（注：国王有点石成金的手指，结果把自己的女儿变成了金子）。许多带有道德观的寓言故事说的都是重新回归核心价值观。在价值观的层次，我们把自己的项目计划和愿景、对生命意图的感知和真正重要的问题连接起来。在连接到价值观的关键问题时，我们问的是：为什么我要做这件事？为什么这个真的很重要？我遵循了什么样的价值观？我相信什么是可能的？想想对我来说最重要的东西，这个值得去做吗？

能力层次，描述的是你现在具备的能力，以及你能够做的事情。这个层次指向你的才能、力量、通用技能，以及你在生活中所用的和可以创建的思维策略。这个层次回答的问题是关于能力的：我如何做这件事？我如何处理？我有什么样的技能？我需要培养哪些技能？在这个层次上，你要使用多种思维地图、计划或者策略，以产生特定的选择。

行动/行为层次由日常环境中的具体行动和反应组成。无论你的能力如何，行为描绘出了你**实际上**每天的所作所为。这个层次回答的问题是具体行动类的：我在做什么？哪些行动能让我得到自己想要的？我需要采取哪些行动步骤？我接下来做什么？

环境层次是关于行为和行动所发生的外在情境。这个层次回答具体的完成方面的问题：这个行动发生的时间和地点？我什么时候、在哪里做这件事？今天？下个月？还是明年？

在定义和应用这些层次时，可以详尽，也可以简略，也可以用某些不同的名字和步骤。环境这个外在因素，可以放在逻辑层次里，也可以不放。但逻辑层次的功能不变，其目标一直是区分和研究必要的关键问题，以确定谁、为什么、如何、做什么，以及我们何时何地会拥有所需的资源，来做项目的计划。

逻辑层次如何起作用

这些问题怎么会如此自然而轻松地开启人们内在生命意图的流动呢？是因为我们的大脑是在天然的体验层级上运作的。当人们用这个模型进行视觉化想象时，这些通常隐藏在日常生活之中的逻辑层次就自然而然地展开，引出视觉想象的流动状态。有时候，把逻辑层次看作一系列俄罗斯套娃也是有用的，更高的层次处于中央，更明显的行动和环境的层次在外面，就像树木的年轮一样。

举几个例子：你有没有听一些人说过，要对处在不同层次上的事物加以回应？还有没有人说过，在某个层次上的负面体验或挑战，到了另一个层次上就变得正向而容易呢？这表明人们能直观地感觉到这些内在的层级。在转化式对话中，加入逻辑层次模式的问题及其视觉图形，通过这些逻辑的步骤，人们会觉察到思维的天然结构，开始形成持久而有力的转变。

对客户来说，这种觉察是巨大的财富，通过使用逻辑层次的框架，他们会意识到，必须要先改变上面一个层次，下面层次的整体性改变才能够发生。这种对自身思维过程和体验中固有的层次的深层觉察，会把更高的逻辑层次带入客户的觉察范围，揭示生命中隐藏在日常琐碎之中的重要面向。

核心的"为什么"问题：诚信的组织

为什么真的值得花时间和精力，让逻辑层次成为你教练的核心呢？下文我们很快会总结这么做的收益清单。逻辑层次的结构为教练约谈提供了视觉化的帮助，这些层次帮助我们重新调校内在的天然"重要事项"的次序，使之符合逻辑层次。

逻辑层次起作用的方式很特别。来自一个层次上的信息，组织并控制着下一层次上的信息。你很快会发现，在更高的层次上做些改变，会自动地改变低层次的信息。你会学到策略式的思考，因为改变低层次的事物，有可能会影响到更高层次，但不一定。

一个人在所有逻辑层次上的运作，对他/她生活的总体满意度，以及生活的品质至关重要。例如，在环境层次（最低的层次）去做改变，如搬进新家，改变起居室的布置，买件新衣服，去很棒的餐厅吃饭，又或者买个宠物，都未必能改变得了在个人身份层面（高很多的逻辑层次）的感受。但是，在身份层面的改变，增强了自尊和自信，很可能会向下串联，穿过下面的层级，在所有的层次上展开多种改变，包括拥有想要的家，居住空间的摆设方式，买想要的宠物，或者通过买衣服或吃大餐的方式来庆祝等等。

再举个例子，想象你家里第一个孩子降生的时候。突然间你扮演的角色中，多了"父母"这一项（增加了一个非常重要的身份）。现在，用逻辑层次模型，跟随这个改变的层级，想想你生活中的价值观会怎么样随着孩子而变化。或许，一种充满着冒险的生活就不再那么重要了。

想一想，新的身份会以哪些方式影响你生活的其他方面。也许你会和孩子一起待在家里，接纳晚上要醒好几次的情况，而且需要随时回应小婴儿的迫切需求。想想你需要很快学会的技能和能力——如何回应婴儿发出的不同信息，如何给新生儿洗澡，如何做一个了不起的家长，支持孩子那奇妙的成长和发展。

在你想象自己作为父母的新生活时，会注意到：身份的改变完全改变了你每天的行为。孩子出生前的两个月，和孩子出生后的两个月里，父母的日常行为有显著的不同。再想想你居住的环境，也会随之改变——婴儿的玩具、衣饰，家里要改造成防护婴儿免受伤害的，也许你还会搬家等等。这个例子表明，高的逻辑层次上的改变，往往会把变化带到下面所有的层次中。高层次的改变能影响和控制下面的层次。

> 高的逻辑层次上的改变，往往会把变化带到下面所有的层次中。高层次的改变能影响和控制下面的层次。

一个转化式的沟通者，一个教练，你面对的是人们的梦想与挑战。有意思的是，思考一下，梦想在哪个逻辑层次上？而挑战又在哪个层次上？这对教练至关重要，要去锁定精准的层次，知道在哪个层次上能做最有效的改变。考虑某个层次上的改变会带来的影响，然后留意是否可以在更高的层次上加以转变，以创造真正而持久的改变。

使用逻辑层次的好处

使用逻辑层次有显著而根本的益处。在和客户探讨的时候，展示它，或者快速地画下这个三角形的层次图尤为有用。

- **好处1**：客户可以用逻辑层次的吸引力，发现并重新发现自己的愿景，将他们的计划以引人注目的视觉图形的方式速写出来。这会帮助客户设计未来的完整图景。由此客户能很容易地学会融入未来之中，用实时的行动步骤将其细化。
- **好处2**：客户能学到如何把自己的愿景、价值观和能力校准一致，作为增强力量，向关键目标迈进的路径。
- **好处3**：客户能学会在关键的项目中纵览全局，同时看到很多方面，把做这个项目时客户的身份,以及为什么这个项目值得做连接起来。客户能指出所需的重要技能,并厘清具体需要学习的地方,或者在何时何地需要采取的行动。这种概览让客户能找到项目的所有方面中灵活的平衡点,并以此来打造这个项目。

- **好处 4**:逻辑层次系统纵览全局的功能非常奇妙,它能让客户走进与项目相关的另一个人的价值观和愿景中去,获得不同的理解,了解到他们在项目中的贡献不仅是他们**所做**的事情,他们**身份**也是贡献的一部分。

有个很好的例子,是乌克兰一个制衣帝国的故事。两个人共同拥有这家企业,但感情上是对立的。他们常常为哪种方式能最大化建立扩张型企业争得你死我活。在决定未来新举措时,两个人总会冲突起来,在财务、资源配置方面彼此争斗。看起来他们无法了解对方的观点。

其中一名合伙人是创新者,起初,她的灵感和她关于设计的想法让公司变得多产起来。她相信扩张的时机已经成熟,需要尽快关注一些新方向。另一名合伙人趋向保守,但他采取了一系列富有成效的举措,在第一名合伙人几个提案都失败的情况下,仍然保持了公司的强盛。

他们仔仔细细地做了一次逻辑层次上愿景之旅的探索。愿景之旅就是沿着地上代表了不同逻辑层次的标记行走。在探索中,教练邀请两位合伙人分别从对方的标准和愿景去看。让他们在地上走到愿景那里,然后再走回来。站在对方的角度,很快他们就对彼此所做出的努力增强了信任感,增加了自豪感。两个人都更完整地连接上了对方为公司所带来的价值。逻辑层次帮助他们展开了更有效的沟通途径,这比他们过去几年所知道的沟通都要多。而且他们两人开始有力地去支持对方,不再暗中捣乱。

- **好处 5**:逻辑层次探索让客户轻松做决策。作为探索者,用逻辑层次来比较自己的时间和精力的价值,以此来选择项目。探索逻辑层次会让你看到和感受到项目的各个方面（在投入体验之中，去感觉所有层次的情况下尤其如此）。

通过运用逻辑层次，你会帮助人们很好地做决策。在几个好的选项中，有可能选出更好的那个，就选那个跟你自己的愿景和价值观最一致的。逻辑层次能让你在项目的关键维度的外部和内部同时开始工作。这样，客户就能获得关于核心要素的丰富信息。

使用逻辑层次：对教练的好处

对教练来说，在教练对话中使用逻辑层次有一些根本的、奇妙的好处：

- 好处1：逻辑层次问题能让教练成为强有力发问的大师。它让你从一个强有力的问题，跨越到一个系统的方法，给了你一整套综合的问题来厘清和纵览全局。

- 好处2：不管客户在哪个领域碰到绊脚石，通过提问高一个层次的问题，你能支持客户跨越障碍和犹豫。例如，如果客户说："我不知道怎么做。"作为教练，你可以问："什么样的人能很容易就知道下一步最好的行动？这样的人具备什么品质？如果你像这样的人一样思考，把这些品质放在自己身上，下一步最好的行动会是什么样的？"

- 好处3：你可以学着使用节奏和重音，一方面是把客户的注意力带到关键的领域中，带到能支持客户去到更高逻辑层次的领域。另一方面，要使用每一句话中的逻辑层次，支持客户创建更大的意义，与他项目的大局联系起来。

逻辑层次和组织层级

我们花时间来欣赏一下组织当中各个逻辑层次协调一致的状态。例如，想象一个典型的大公司的组织架构，留意到每个团队都可以被看作是对公司的总体流程负责，这种想法很有用。

- **愿景：** 总裁/CEO提出公司的总体愿景和目标。
- **身份：** 高管团队创建企业身份。
- **价值观：** 财务、人事、人力资源部门沟通组织的价值观框架，并辅助定义其重要性。
- **能力：** 通过行动，中层管理者体现出能力，以及对公司战略的执行力。
- **行动/行为：** 产品组装、质控以及运输、收货部门负责的公司日常事务。
- **环境：** 维护人员、保安和库管，负责物理空间的陈设，以及环境的维护。

库管、运货员、工厂工人，以及秘书等人员，他们薪酬最低，职责也最小，这些员工的行为虽然是组织运行**必不可少**的，但他们没有权力在高层次上，如高级经理和高管的层次上，进行大的改变。最底层的员工无法轻易地改变任何超出他们所在运营层次的事情。

而高层管理者动动笔头，就能为所有员工创造改变，能转换员工的工作和所在的工厂，也能重新调整薪资——从影响上来看，高管能为他们下面的层次创造巨大的改变。在高层做出改变的人们或许不会考虑到在低层随之发生的重大变化，然而变化必然会发生。

在这个例子中，注意行政支持和保管员都是大公司必不可少的。就是说低层与高层同样必要，只是低层的改变不一定会引起高层的改变。

逻辑层次的知识能让人们把握住人生的方向。在个人或组织发展其愿景、目标、使命、身份、创想、选择和动力的时候，高的逻辑层次就是方向盘。

逻辑层次：焦点和成果的总结

在思考学习和改变的时候，要探索以下层次，以发展并澄清最重要的愿景。通过系统化的、相互关联的问题，我们把内在的愿景融入最有意义的项目之中。

表 10.1 逻辑层次的第一层级

焦点	逻辑层次	逻辑层次上的成果探询
我是谁？	身份	真实而本质的力量
我的价值观系统？	价值观和价值观标准，学习和发展的结构	激励、动力和可持续性
我的能力是什么？	思维地图和思维模式，内在策略	知识，聚焦的方向，选择
我做什么事？	具体的行动步骤和行为	切实鼓舞人心的行动
我的环境？	外部的情境	地点，机会，克服挑战

逻辑层次的第一层级跟个人有关。一般来说，身份和价值观最为重要，因为这两个层次决定了你如何保持自己最深的承诺，对于你是谁和你所奉献的东西的承诺。价值观能够激发身份定位，唤醒最深的承诺。逻辑层次从上至下推进时，你的承诺度可能会逐层递减。在环境层次很容易做出改变，而对改变的承诺度、遇到的阻力也最低。就像我们前面说过的，把床挪到房间的另一个角落，或者去新餐厅吃饭，这些对大部分人都没什么挑战性。持久的改变是高的逻辑层次上创造的，是由致力于实现新的愿景、身份或者价值观系统所创造。

同样要注意的是，有可能在某些层次上拥有亲和的关系，但其他层次上没有。一般来说，你向上走得越高，能达到的亲和程度就越高。高层次上的不匹配，会打破在低层次上已经建立起来的亲和关系。

逻辑层次的第二层级，是探索身份更上面的层次，它可以帮助人们聚焦于自己的选择给其他人带来的影响。在第二层级，我们开始从"我"转移到"我们"。第二层级的层次会帮助人们去探索并进入灵性、传承和宏大愿景的设计中，连接到更大的整体。第二层级中的逻辑层次聚焦在更大的贡献，例如对家族，对专业领域，对社会、民族、文化和全世界的贡献之上。有时候，把逻辑层次图实体化为两个相互补充的层级是有用的。客户在思索项目甚至生活时，通过透彻地视觉化第二层级的贡献，会获得深刻的洞见。我们能反着画第二个层级，就像小沙漏，来展示其力量：

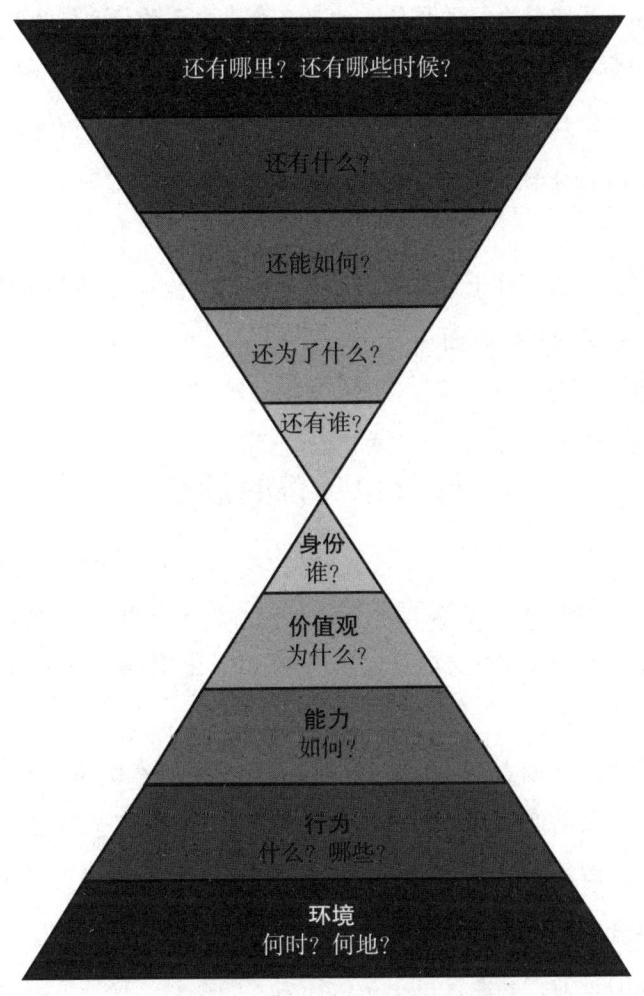

图 10.2 逻辑层次的第二层级

有时候，用逻辑层次问题从金字塔的最下层向上探索也是有用的。有时它可以用于定义你自己或者你教练的客户的成果。如果客户的焦点是："我想创造自己热爱的生活，但是不知道真正要的是什么。"那么教练可以从逻辑层次的底层开始，问如下问题，向上走。

- 假如你已经拥有了自己热爱的生活，你会创造什么样的环境？你看到、听到、感受到周围是怎么样的？
- 你每天会做些什么？
- 你展现出什么样的技能，为世界分享自己的什么能力？
- 你会有什么样的心态，或者信念（你遵循的心态或者信念）？
- 你想做什么样的人？
- 成为这样的一个人，你会影响到谁？还有谁？

通过引导客户自下而上地穿越逻辑层次，客户会确定他们想要的成果，更加明确成果，看到愿景的画面。

行为和身份的混淆

作为一个教练框架，重要的是要注意到人们在聚焦于任务时，各逻辑层次是否混乱，以及什么时候混乱。最重要的一个混淆，就是行为和身份的混淆。

你有没有听自己或者其他人说过"我太蠢了，居然做那件事"？当小孩子做了错事，你有没有听过别人对孩子说"你是个坏女孩"？注意，这些都是关于一个行为（低层次）的身份层面（高层次）的描述。许多人会认为人们就**是**他们所**做**的事情，并且据此来评判自己以及他人。

你不是你的行为，其他人也不是！你为人的本身，是一个可能性，比任何你曾经做过的事情都要大得多。在身份层面，你既不是你自己的行为，也不是行为的结果。

> 你不是你的行为，其他人也不是！

转化式的沟通者支持他人和自己把行为和身份区分开。当你把**你是谁**和**你的环境**或者**行为**混为一谈，这种混淆会让你无法看到自己在本质上是完整而完全的，没有破损。经历着这种混乱的人们，常常会自责（如果行为或环境不如其所愿），或是自我本位（就好像富裕的环境是由于他们受到保佑，而环境鼓励他们做出某种行为）。这两种情况下，如果这个人能够将行为和身份分离开来，对他们都是有好处的。一旦行为和身份之间的环路被切断，这种恶性循环消失，一种新的、赋能的思维地图就会创建出来，它会是自我实现的，而不是自我打击。

举例来说，一个生活贫困的人，可能会相信环境造成了他们的行为，而行为造就了他们今天的身份。如果聚焦在环境和行为，认为这两者决定了身份，那么整体的改变就不可能发生。但是，当身份和行为、环境分离开来时，更高的身份层次的改变就会很快变成可能。这种改变会影响到信念，以及对价值观的表达，而这些又会影响到能力。这样一来，很自然就会创建相应的行为，最终向下流动，影响到环境。

想象一下，通过客户自己的思维过程来引领客户的力量，让他们达到这种领悟——他们并非自己的行为和环境，而且从来都不是。如果从逻辑上去表达，许多人是不能内化这种转变的。如果匹配了逻辑层次，引导客户到更高的层次，让他们从那里思索自己的解决方案，就很容易实现和接受整体的改变。

使用逻辑层次和成果框架的教练对话

转化式的对话将人们现实中的各个方面和成果导向的问题以及逻辑层次问

题紧密联结在一起。成果框架问题中加入逻辑层次，会产生强大的协同作用。就像加入低音部分会增强主吉他，把更好的共鸣和更大的表现力带入整体的音乐织体中一样。

在转化式的对话中，成果框架确定了对话的范围，或者时间框架内的聚焦点。我们会谈及怎样从这里（现状）到那里（想要的状态）。逻辑层次问题能够丰富并深化我们的教练对话。运用逻辑层次来深化成果框架，会增强客户对达成目标的理解程度和承诺度，让客户站成大写的人（见图10.3）。

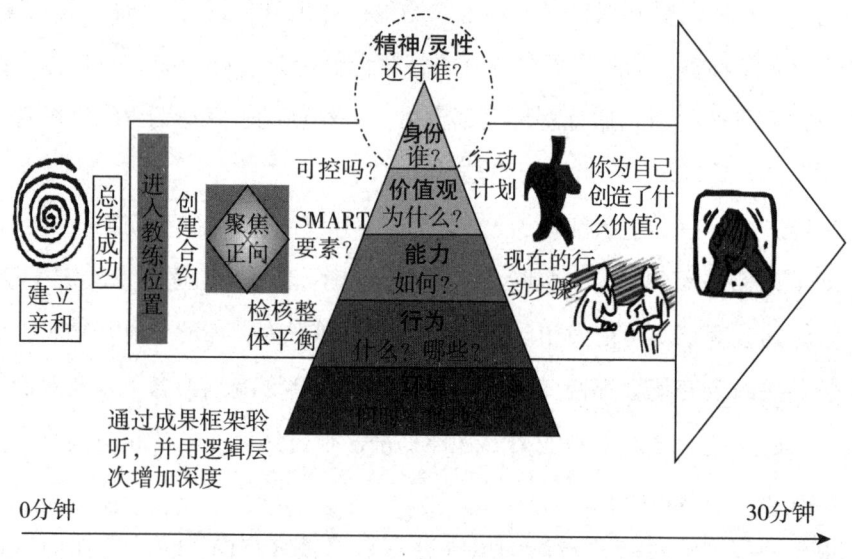

图 10.3　逻辑层次和成果框架

从成果框架问题"你想要什么？"开始，转到"你怎样得到自己想要的？"你就是从逻辑层次的角度，帮助人们趋近成果。下文中的教练约谈工作表中有一系列问题，能够将逻辑层次的深度带入教练对话之中。

在下面的教练约谈问题清单中，注意开放式问题的使用，注意要在成果框架范围之内，注意使用SMART目标。并且要注意整合逻辑层次，帮助客户在深入的、整体的层面上，远远超越了表层的"你想要什么"的层面上，塑造关于理想成果的完整愿景画面。即使这只是一份工作表，也花些时间练习，注意这种问话的结构为教练对话所带来的深度和丰富性。你可以去测试这个工作表促成改变的力量,特别是在你和客户建立了深层的亲和关系,而你对他们的世界模式有持续的尊重的情况下。

在使用这个工作表,将其作为转化式对话的基本框架之前,我们鼓励你把下面的练习用在自己身上,去看、去听、去感觉在成果框架中加入逻辑层次时,所带来的不同。

逻辑层次教练工作表

我们有_____分钟在一起,这段时间你想要获得的最好成果是什么?(聆听正面陈述的、在他/她可控范围的理想状态。我是否清楚约谈结束时这个人想要拿到的?)

你如何得到自己想要的?(展开逻辑层次,来回答这些问题。聆听 SMART 目标。)

愿景:谁会受益?

身份:你想要成为谁?那个时候你会是谁?你会成为什么样的人?

价值观:这个为什么重要?它使哪些价值观得以发展?

能力:你如何实现它?你有哪些技能?你需要发展什么技能?

行动/行为:你需要采取哪些行动?哪些行动步骤能够支持到别?

环境:你想在哪里实现这个目标?什么时候行动?

你如何把它变得更有意义?你怎样深化自己的承诺?你怎么样走得更远?你如何跨越任何障碍?(聆听深化的计划,预备计划/风险管理,检查整体平衡。)

你怎么知道自己得到了?(聆听证据,检视它们——如果已经实现了,你会拥有什么?哪些证据能证明你在正轨上?)

声音练习：结构化聆听

这个练习和全方位聆听的练习类似。在这个练习中，聆听，或简单表达，同时思考：重音如何增加人们当下所用逻辑层次的信息。

聆听重音："**我**选择今天写完这篇文章。"重音放在"**我**"上面，提示的是这个人的内在思维的层次聚焦于身份层面。

"我**选择**今天写完这篇文章"与"我选择今天写**完**这篇文章"相比较呢？"**选择**"表明关注点在这个人所选择的价值观层次。重音在"**完**"是能力、技能，表明这个人处于逻辑层次的能力层面。

"我选择今天**写**完这篇文章。"表明关注点在逻辑层次的行为层面，"我选择**今天**写完这篇文章。"说明这个人处在环境层面。

你可以选择自己的回应，与客户同在一个层面上来建立亲和关系。也可以选择引导客户到更高逻辑层次上，使改变更快更容易，以此建立亲和，增强对话的转化力。

如果你的客户很难完成自己开始的事情，并且因为完不成而抱怨环境。如果客户所说的是："我**选择**今天写完这篇文章。"你可以这么回应："太棒了！你**是**那种会找到方法完成的人！你**选择**这么去做！"

教练通过重音来固化"选择"这个词，增强了亲和关系。通过邀请客户去思考，将这项选择作为他为人的一部分，教练引导客户开始内化这样的想法：他有能力做出这个选择。这样，选择就越发成为客户身份的一部分。对于难以完成事情的客户而言，创建自己身份的愿景，成为选择去完成事情的一个人，这是非常有力量的支持。

再来听，自己练习一下。在下面的语句中，人们是在哪个层次上沟通的呢？你可以在同样的逻辑层次上做出回应，并把客户带向更高的层次。

- **开始做**事情总是让我很兴奋。
- 开始做**事情**总是让我很兴奋。
- 开始做事情是**让我**很兴奋。
- 开始做事情**总是**让我很兴奋。
- 开始做事情总是让我很**兴奋**。

自己再写一些句子来练习。

第十一章
奇异恩典：采取行动，完成对话

我们在此见证创造，鼓励它发生……我们在此将四周的美丽与力量带入意识之中，并颂扬与我们一同在此的人们。

——安妮·迪拉德，《汀克溪边的朝圣者》（又译作《溪畔天问》）

🖋 使用最有效的行动导向语言，让人们能够走出去，行动起来的关键，就是密切地聆听那些能激励并推动客户的词汇，再把那些确切的词汇用回给他们。

渡 河

我的一生中,有好多次沿着太平洋不同的小道远足,而第一次旅程,对我的生命影响最大。

当时我还年轻,需要一些独处的时间。于是我把孩子交给家人,安排了一次7天的远足,沿着温哥华岛西海岸的一条非常崎岖的小道走。我准备充分,背了一个很轻的背包,带着指南针,还参照建议,带了最新的潮汐时刻表。

顺着小道走了三天,我发现攀爬许多陡峭的山坡、阶梯是件苦差事,还有些地方积了齐膝深的泥浆。尽管这条小道是沿着太平洋的,但只有在河口和露营地才真正接近大海。到了第三天,浑身酸疼而疲惫的我,坐在地上吃早餐,注视着海岸。浪潮还在很遥远的地方,许多海鸥在岩石的周围觅食。

看了看地图,我注意到下一个露营地只有10英里远。浑身的酸疼感觉,让我渴望今天不用走那么久。我注意到,海边平坦而笔直的路线会让我更快到达露营地。我想:"唉,我沿着海岸,最多走4个小时应该就到了。"我满怀希望检查了潮汐时刻表,表上说潮汐6个小时后才会到来。"就这样走!"我对自己说,"出发!我要沿着海岸走到下一个露营地。"

我沿着一面高耸的凹面悬崖行走,岩壁下是平坦的石头,这里很像多佛的白色峭壁,蔚为大观。

我走了两个半小时,享受着远足,将新鲜的空气吸进肺里。我主要在平坦的石头海岸上走,探索着许多积满水的坑,这些小小的、美丽的蓄潮池里,生长着缤纷的海葵和其他奇妙的生命。我不断停下来欣赏。在岩石地面上还有较大的石缝和断层,这些地方就需要攀爬三步下去,再从石缝的另一边爬上来。我注意到,没有一个地方能够让人爬上山,也无法离开岸边。巨大的峭壁挡住了所有通往高处道路的途径。

走了大约 3 个半小时后，我突然意识到，大量的海水正在灌满石缝。我惊呆了，赶紧查潮汐时刻表，因为我不理解为什么海水开始涌来。更仔细地查阅潮汐时刻表，我意识到自己犯了个巨大错误。早上我在潮汐时刻表上读到的数字实际上是最高潮的时间。再过 3 小时，我所站立的地方就会淹没在 8 英尺的海水之下。麻烦来了。要走回去已经太迟了。我必须全速前进。

我开始沿着海岸奔跑，那一小时是我生命中最漫长的一小时。每次跳过石缝，石缝里都灌满了冲击而来的海水。有些石缝很宽，简直无法通过。在一次非常吓人的跳跃之后，我意识到自己无法回头了，而且可能遇到了一个无法通过的宽石缝，非常滑，极其危险。我尽可能快地向前走，但是水来得太快，又没有地方可以爬上去。

我开始看到自己葬礼的画面，我的孩子们现在成了孤儿。我开始诚心祈祷："如果我活下来，我的生命会服务于他人，"我对世界承诺道，"请让我活下来可以吗？"

这一个小时好漫长。海水涨得很快，漫过了平坦的地面，每个浪头都打得离岩壁更近。

远远的前方，我能看到峭壁蜿蜒到海中。"可能那儿就是河口了吧，"我想，"就是那儿，我若是尽快走，就能在海水卷走我之前到达。"我走到了。真是付出了巨大的努力。

到达的时候我已经站不稳了，但我还是在半小时内爬上了短短的半岛尽头的小岩石。弧形的岩石带不高，有大约 5 英尺。我急切地向另一边眺望着。

确实是河口，但情况出乎我的意料。别人告诉我这条河是可以横渡过去的。但我看到的是，宽阔的河口，汹涌的潮水。这样猛烈的洪流，是不可能渡过的。惊慌失措中，我还看到悬崖沿着河口向上延伸了至少有 200 码，末端是个深谷。打着漩涡的河水，逆流而上，爬上悬崖，横渡过河都看起来完全不可行。我看到在河对岸很远的地方，半英里之外有一些帐篷。

我费尽力气沿着河口向上走了60英尺，直到再也没法向前。不可能往上攀爬。不过，在悬崖的高处长着一棵树，离我10英尺高的地方有几根多瘤的树枝。我无路可走了，而水正在上涨。

突然，我看到一个拿着餐具的男人出现了，他从遥远的帐篷那里向另一边河岸走过来，好像看见我了。他把餐具放下，走回了帐篷。我不知道他是帮我，还是对我视而不见，甚至他发没发现我的困境。我继续祈祷，希望尽管困难重重，他会帮我。漫长的几分钟过去，感觉就像一个多小时。

他和另一个男人从帐篷的方向出现了，两人都带着绳子。他们现在在朝我这边赶来，虽然水还在继续上涨，但我知道有帮手了。

这个故事的下一段，是我一生中目睹的最惊人的情景之一。那个拿着绳子的男人几乎不看我，就瞄着离我头顶10英尺，离他很远的河对岸的树枝。就像旧时的牛仔电影中演的那样，他仔细地打好一个绳套，在自己头上方转动绳套，用尽力气扔了过来。完美的一扔，越过长长的距离，绳套刚好套住折下来的树枝。现在有条绳子让我横渡打着漩涡的河了。河水汹涌澎湃，我无比惊奇地注视着。

那人用另一条绳子做了第二个绳套，试了几次之后，绳子扔给了我，我抓着了。他呼喊着，告诉我怎么把绳子系在腰间。这下有了两条绳子，一条抓着引路，另一条系在我身上。这两条绳子让我有胆量走进了起伏的河水里。我一下子就站不住了，但是我抓着绳子，重新走起来。慢慢地，一步一步，走过轰响的岩石，刺骨的河水打着漩，直到没过我的脖子。我不时失足，但是有绳子的帮助，有两人的鼓励，我得以渡河。

两人没费劲把我从水里捞上来，也没介绍自己。他们一看到我安全了，就开始训我。一个人跑回去，借了我一条薄毯子。我马上就睡着了。他们在我醒来之前，就打包走了。

那段经历之后，渡过人生的河流似乎就变成了我天命的核心。生命中，我们都有要横渡的河——那些需要我们拿出勇气和愿景来的情境。一旦渡过了这条河，我们的生命就会开放，走上意义更深远的旅程。如果我们没有渡过，就会像被当前情境中的绝望和无助所淹没一样。

困难很轻易就能让我们失足滑倒。但是，如果我们相信，只要请求，就会得到支持，牢牢守住自己的生命意图，就能够找到生命更上一层楼的路。

我们握着的指引方向的绳子，就是我们的价值观。我们必须牢牢系住价值观的绳子，知道它们是牢牢锚定了的，让它们指引我们走向遥远的岸边。有了价值观将愿景和我们彼此连接起来，我们就敢于迈出步伐。

当我们敢于迈出去，进入内在领导力和真正的信任，我们就能够渡过河流，进入梦想的未来。

采取行动的语言

对话导向有效的行动步骤，将教练约谈中的学习和发现应用出来，教练对话就变得富有成效了。一个人视觉化地探索了目标，想象出完成的细节之后，最自然的行动就是确定具体步骤，着手进行计划。如果把这些步骤有效地视觉化到清晰、简明的行动项目，从多个视角看来都挺好，并且与客户最重要的事务联系起来，那么客户就会带着力量、优雅和全然的满意，走在实现目标的正道上。

当教练约谈要从探索和试验转到确定具体行动的时候，可以构建有力的语言框架，支持客户实施计划。人们通常会从自己坚定的选择中获得成果，通常去做自己极力宣称的事情。这是教练对话中的一个关键点。作为教练，你的语言需要从柔和的、开放式的探索模式，从检视不同选项的模式转变为坚定的推动性言辞和语气，支持客户做出明确的选择，做出决定性的、他们会去完成的计划。我们来详细探讨一下这一点。

完整的约谈进程：从开放到封闭

教练对话开始，你要问探索性的问题，邀请客户去寻找他们最有价值的选择。在对话的早期阶段，你要使用开放式问题，用好奇而柔和的语言，支持客户去视觉想象他们真正想要的东西，想象达成目标可能的具体方向和步骤。在视觉化所有选项时，柔和的语言会帮助人们放松下来，保持开放，想象最佳方案，理清时间线，加入案例，并发现不同的备选方案。

要保持教练对话的成果导向，鼓励客户有力地视觉化最终的结果，并感受到它。再支持客户去看微观愿景，看到每一步的关键细节，尤其是在他们行动计划中有挑战的领域。看微观愿景意味着要确定并视觉化想象出行动计划中更多有挑战的细节，直到行动步骤变得清晰，客户头脑中有了实现的方法。记住，所有一切都是首先在头脑中发生，然后才变为现实。

随着行动的明确，约谈更加聚焦于具体的行动步骤之上。客户可能自己来计划，或者教练可以用关于行动的问题来引导，帮助客户开始明确说出自己在某个关键领域首先承诺要做的事情。

注意这些关于行动的问题的特征。

- 想一想我们今天所做的功课，以及你短期和长期的目标，你这个星期愿意承诺去做什么？
- 你承诺本周完成什么来固化这次教练对话中所学到的东西？
- 那么，你具体的行动步骤是什么？
- 注意，这些是封闭式的问题。其他封闭式的问题或者表述，可以用在合适的地方，指引客户聚焦到自己想要的成果上面，聚焦到如何设计坚实的行动步骤，获得成果上面。

- 你是否百分之百承诺要去做？
- 你会完成吗？什么时候完成？
- 你决定这样做了吗？
- 你现在清楚自己真的要去做这件事吗？
- 你能完成吗？你会这样做吗？
- 知道了！你会让这件事成真，对吗？
- 你刚说的是明天就行动吧？
- OK，你选了A计划，而且要去做了，对吗？那你这一星期要做的行动是什么？
- 你刚刚说："我现在就选择这样做！"是吗？
- 你已经承诺了，很清晰。那么能否请你总结一下时间安排，在接下来的7天当中，我们下次对话之前，你具体要做什么呢？
- 你说到了行动。确切来说，你会完成什么呢？
- 那你说要采取行动，是这样吗？
- 你说你触碰到了内心神圣的"是"。你真的要全心全意地说"是"，从今天开始这样做，是吗？

你会注意到，关于行动的、带时间期限的封闭式问题，是有其特定的重要目的的。一个精心编排的封闭式问题，会让人坚定地宣告是或否，并据此加以安排。一个坚定的"是"，反映了承诺、决心，反映了朝着目标继续前进的清晰的专注。而否定的回答，则是一个机会，让你去发现更有力量的目标。为此而使用封闭式问题，会帮助客户深刻地认识到自己内心对达成目标是否认同。

行动语言的语气，对话的转折

在客户转向具体的行动步骤，并对此加以承诺时，一切就不同了。现在客户是在与自己谈判，评估最佳方案。在教练对话转向下定决心的计划时，教练可以保持行动的框架，使用行动的语言节奏和语调，以支持客户的谈判过程。魔法师的语调（见第五章）会呼唤策略性的行动。而将语言的节奏加快，同时增强其中的能量常常很有用，会让客户更专注在行动上面。

一旦客户下决心要创造某个特定的结果，作为教练，你就可以用自己的声音，有力地支持客户内心的声音和愿景，让他们投入到行动中。如果我们鼓励客户视觉化演练几遍行动步骤，通常也会有所帮助，随着视觉化的过程，客户内心关于自己要做的具体行动的影像就会逐渐变得更加真实。

迫切行动的语言

在教练对话的开头，客户探索各种选项时，教练可以通过运用柔顺剂、开放式问题来加以支持，在问题中包含或许、想要、也许、可以、可能之类的词汇。柔和的开放式语言让人容易进行探索。例如，"有哪些可能的方式来开始做这件事？"这个问题，就比"你要做什么来实现这个目标？"要更柔和、更开放。

快到约谈尾声时，捕捉并回放客户自己的有力行动词汇，以及语言中的细微差别是有用的。当人们已经找到了具体的选择，或者最佳的机会之后，对话的语调就必须改变了。在人们开始做决定，选择具体的行动步骤的关键时刻，把你的语调调整为有力量而果断的状态会很有用，而且要开始用**他们自己**确定成果的词汇，激励他们去实施，去完成。你可以通过回放这些词来做，也可以要求客户来回放。两种方式都有力量，关键是要确保尊重人们的行动式词汇。不同的人用词是不同的。

行动式词汇总是非常个人化的系统，人们以个人密码的形式来使用和理解它们。不同文化之间也互不相同。例如，有些人使用"我必须"，"我应该"，或者"我不得不"之类的必要性短语时，会采取明确的行动。而其他人更喜欢使用"我将要"、"我选择"、"我能"、"我决定"、"我喜欢"或"我是",这样的可能性词汇。这就意味着作为教练,你要去尝试使用那些看起来能激励客户,给他们赋能的词汇,用客户的方式来复述这些词汇,帮助他们有力地采取行动。与此同时,你也要让客户体验教练强有力的支持。关键就在于仔细地聆听那些激励客户的词,不要用降低他们投入度的词。

许多人会使用诸如"我**应该**做完这件事"的说法,但是"应该"根本不会带来被赋能的行动。另一种说法"我要冒这个险",或者"OK,我要这么**做**!"就会让人们心中行动的画面动起来,明亮鲜活起来。

如果给客户赋能的行动式词汇是**"选择"**、**"能"**,或者就是**"做"**(就像上文的"我要这么做!"),那么就直接把他们的词汇用回给他们。例如说:"你选择做什么?""那么你能这样做吗?""你会去做吗?"如果赋能的词**"选择"**,客户是以一种特定的决断式语调说出来,就将其用在你的问题中:"你会**选择**去这么做吗?"换句话说,当一个人在走向教练对话的行动阶段时,就以客户自己的语调,用对他们最有力量的行动式词汇,提问下一步的行动。

作为教练要问问自己,你注意到哪些词汇,可以帮助每个人在自己心里跳下生命的跳水板,进入强有力的行动模式,面对挑战性的目标?哪些词汇能有效地让客户跳入水中?这都因人而异。如果客户说"我**愿意**去做",是带着激情和热切前进的感觉,那你在对话的这个点上问"你**愿意**去做,是吗?"就会有力地支持客户。

关键就是要密切地聆听客户的口头表达,以及说话的方式。

- 喜欢?
- 选择?
- 决定?
- 渴望?
- 想要?

- 需要？
- 应该？
- 不得不？

这些词是以一种富有启发的、赋能的，拥有选择的口吻说出来的吗？还是以绝望的口气说的，就像是某种外界压力让他们这么做？如果你不确定，就让这个人来给自己的动力水平从 1 到 10 打分。检视一下是否有某种有力量的内在措辞，能给他们的激励水平和动力充上电。

总之，使用最有效的行动导向语言，让人们能够走出去，行动起来的关键，就是密切地聆听那些能激励并推动客户的词汇，再把**那些确切**的词汇用回给他们。

如果行动计划延迟的备选方法

如果教练约谈的探索部分一直延伸到对话尾声，但是并没有制订清晰的计划，那么对教练来说，支持客户创建行动计划的过程就很重要了。无论什么样的行动计划，都好过没计划。对于非常宏观抽象的目标（5万英尺高），或是需要进一步探索的目标，探询、研究或者观望式的小目标都是有用的。很清楚的是，采用观望式的行动，或者收集信息的行动，对帮助客户形成最好的计划都有价值，也是完成计划的最初步骤。

在这个时间点上，我们可以鼓励客户设定一些垫脚石式任务。通过尝试一点点行动，任何能让人思考通向有效达成目标的多种途径的行动，或是全速前进的能力的做法，都是非常给客户赋能的。大部分人只考虑唯一的选择，或是相对的两极，因而被困住。某种意义上，我们就像接生婆一样，而每次接生都不相同。有时经过长久的阵痛，孩子才得以出生，有时阵痛很短；有时接生容易，有时很难。在人们走上自己的道路过程中，我们同他们一起，一步一步向前。

随着教练对话趋近尾声,为了鼓励这段新生的历程,你可以提出一些好奇的问题,激发客户的深层觉知系统,获得一些具体的行动步骤。度量尺的使用可以支持这个过程。

- 你能做哪三件小事,在这个星期里将计划向前推进?你要做出什么承诺?
- 如果有几个关键行动,能在这个星期让这件事从6分提高到7分,你会去做吗?你会做什么?
- 要真正推进这件事,你想去做的行动有哪些?能否从小事情开始做?
- 要探索这个愿景,你会从何开始入手,哪怕就是测试一下?
- 现在你怎么样有力地推进这件事呢?有哪三种方法?
- 你这星期能做哪三个最重要的优先行动步骤,去获得结果?

如果客户一直在拖延,中国菜单的方法就有用了,并且这个方法常会将图景重新向前推进。比如,你可以说:"有些人会去图书馆研究一下这项新技能,有些人会去现场和人们谈谈,有些人会用录相来探索,还有些人会观察那些引起他们兴趣的关键细节,或者找到其他什么方法,你怎么想的?"

接近尾声:时间和地点

此时教练约谈趋近尾声,语调中的能量会激起行动的意愿。而如果客户看起来仍然流连在思绪之中,我们要以一种上扬的声调提醒他们:"我们只剩下5分钟了,还在正轨上吗?"这会提醒客户自己承诺去行动,通常也会让他们觉察到自己要承诺的革新的力量所在。

教练的最后一步是复述客户的时间安排,做清晰的确认,或者让客户把自己的具体行动和时间安排复述给你。与客户确认时间的安排，让他们以承诺的形式说出来，这会给教练约谈的这一个重要环节收尾，从客户和教练的角度，都尽可能设置好最有力的支持系统。学着重复这些例句：

教练："所以你说的是周三早晨之前做完，对吗？"
客户："是的，就这么办！"

我们让客户完成的同时，自己也在检视完成度：这段对话是否尽可能地卓有成效了呢？客户是否被赋能？

在完成对话时，教练的整个目标是要帮助客户：

- 视觉化想象他们确切想要的东西，感受到实际拥有的力量；
- 从愿景画面里出来，从长期的角度看透彻，探索不同的选项，看到达成目标不同步骤的微观画面；
- 在想象中尝试，并测试最好的行动步骤，直到客户清晰什么行动会最有效，让他们得到自己想要的；
- 清晰地定义并热情地对自己宣告符合SMART原则的行动步骤，至少再一次看到自己实际上正在做这些行动；
- 教练约谈后"就去做"；
- 从行动后得到的反馈中学习和成长。

最后的足迹：总结对话的价值

在客户决定了他们的行动或任务之后，我们就差不多要结束了。剩下的就是几个关键要素，用来支持客户说到做到。

让客户来总结并宣告这次教练的价值，听到（并且感觉到）自己对价值的肯定，这是第一个有力量的步骤。与这个目的非常相关的，是在教练约谈的最后问客户："在今天的对话中你为自己创造了什么价值？"

其他的问法：

- "关于自己，你今天学到了什么？"
- "在这个约谈里，你为自己创造了什么成果？"

这个问题给了客户空间，通过尊重并肯定客户已经做到的，让他们获得真正的满意。客户会认识到对话中取得的进步并总结出来。

这并不是教练私心，焦点还是保持在客户和他们的发展之上。当客户肯定自己玩的是一个大游戏的时候，她的自尊就得到了提升。自我肯定，意味着一个人干净利落地完成了一次有力量的对话。通过真正地思考成果的含义，思考需要做什么来达成，客户的自尊得到了肯定。

以这种方式提问，是对人们取得进步的价值加以肯定、欣赏、深化和充实。这些问题给了人们机会去宣称价值，做出承诺，再次肯定价值，并且创造真正的满意。这也是教练的机会，去深层而全面地聆听客户，感受他们随着时间的承诺和成长，像觉察自己一样去觉察客户未来的成就。去享受客户。

教练的最后嘉许

完成教练对话时，教练强而有力的最终肯定会带来巨大的不同。简要地说说你从客户身上所看到的，强调那些你知道会推动客户发展的方面，一定是很棒的结束。以这种方式完成对话，你会感受到自己和客户之间形成了连接。你们共享了一段特别的感受，这也是你对客户所完成的工作表达珍惜的机会。在对话的最后时刻，回应客户所做的承诺，说出你看到他们在生活中践行行动计划并走向梦想。

走进教练对话的最后阶段，要离开教练位置，真诚地肯定和嘉许客户。这段额外的、教练个人的呈现，会支持到有力量的收尾。

在这一两分钟里，你的目标聚焦在客户身上，说出在这段对话中，他们有哪些重要而特别的呈现。要小心，不要评估这次约谈，不要评价客户特定的选择，正向的评价也不要，因为这会再次让你成为专家。

在你所见证的这段约谈里，整体上突出出来的是什么？在客户思考时，你喜欢这段体验中的哪个部分？在客户朝着长期价值扩展时，你的体验是什么？你享受到什么？你能够富于表现力吗？或许你想要突出表达的是客户完成已经开始的事情的天生能力，和显著的长处。

有些教练会与客户同在，用简短的肯定，或真心的一句"谢谢你"来结束。还有些教练会由心而发一些话语，推动客户前进。你会找到对你而言最好的方式，来宣告自己所见证的力量。

练习：逻辑层次的嘉许

要有力地完成对话，真正关注到所有我们刚刚提到的品质，其中一种很棒的方式就是逻辑层次的肯定。

这个简单的流程，强调的是对客户生活很关键的特质和选择系统。

- 最上面的思维层次可以称作身份：这个人是如何谈论自己的为人的？
- 下一个层次叫作增加的价值：在这次约谈中，触及的最重要的价值观有哪些？
- 第三个层次是能力。客户是如何谈论自己能力的，又是如何将能力向前拓展的？
- 第四个层次是客户选择的行动。

- 第五个层次，指向的是客户具体采用的计划——何时何地。
- 约谈最后，你可以使用承诺的天然逻辑层次来向客户表达敬意，在嘉许客户的时候，要至少谈及其中的三个层次。你可以经常这么做，以一个有力量的句子来完成教练约谈。所有的嘉许都是永恒的，由此，约谈的过程就成了永恒。此外，这种嘉许使真诚的欣赏和感激得以有力地表达。

要有效地做到这一点，需要自己去练习。下面这个小练习，让你发现这个流程运作的最简单方式。

练 习

想一些你真正在乎的人，通常以此开始练习会比较容易。这是一个很好的练习机会，之后，你可以将这个流程迁移运用在自己的客户和其他人身上。通过一定的练习，你能在教练对话的最后关键时刻用上这个流程。而使用这个流程，有赖于你对自己和他人个人发展的深层觉知。

找一个安静、可以大声说话的地方。为了练习，找到你爱的人们的照片，跟你一起拍的照片更好。或者就是你自己来视觉想象，在脑海中看到他们。想着这个你爱的人，他/她身上最出色最持久的品质。

同时也视觉想象一个逻辑层次的三角形（见图10.1）。学会视觉化一个简单的三角形逻辑层次图形是很容易的。之后在脑海中，像一个半透明的框架一样，把这个三角形放在你想要嘉许的那个人前面（见图11.1）。

在想象中，把这几个层次挂在这个人面前一个假设的挂钩上，就开始跟这个人说话，自上而下地讲出欣赏的语句。当你专注向这个人表达敬意时会发现，就像瀑布一样，这种流动会自动地自顶层而下从一层流向下一层，创造出美妙的嘉许之流动。我们称之为逻辑层次的表达。

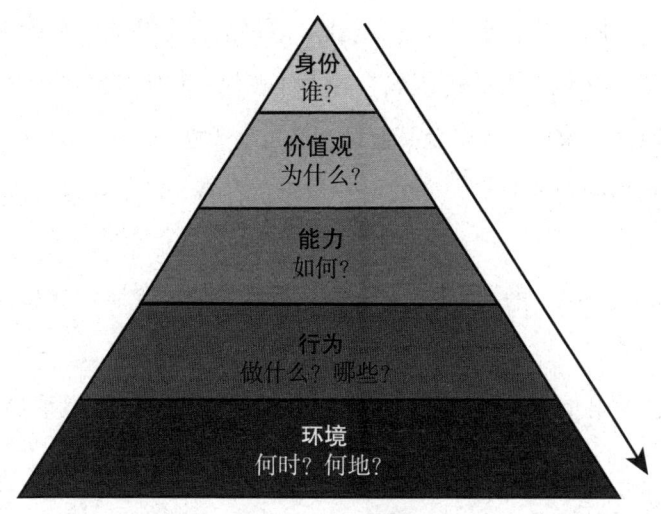

图 11.1 逻辑层次

这里有一些例子，帮你发展这种形式的嘉许技巧。在说的时候，自上而下地遵循逻辑层次的结构，至少在行为的层面。例如，感受一下这一句来自真实教练约谈中的嘉许：

1. [身份]：哇！我今天特别享受和你一起工作。你是真正的决心的动力源，
2. [价值观]：而且你是这么清晰对你来说重要的是什么，
3. [能力]：你朝着目标无拘无束地走过去，
4. [行为]：由此，你找到了超乎寻常的方式去跨越面前的所有障碍，
5. [环境]：无疑，你的目标正在社区和世界上创造出成果！太棒了！

这其实比刚开始看起来要容易，因为逻辑层次构成了真诚嘉许的自然形式。你需要有意识地去做，有意寻找这个人在每个层次上的真实的、激励人心的东西。（之后，对于教练约谈的客户，你就用这次约谈中所看到的来嘉许这个人。）

现在就假装对这个特别的人致辞，说出来、头脑中想象或者写在纸上都可以。用多种方式来练习，在脑中冒出想法的时候，就试着说出声来。用上例子中展示的所有层次，以及下面的大纲。在每个层次上都表达欣赏，从逻辑层次的顶

端开始，逐层下移。要诚恳，沟通方式上，要回放并支持这个人看到他/她自己最坚定的承诺，和最有力的价值观。分享你在他/她身上感知到的价值观，以及价值观中蕴含的力量，以触及其愿景。认可他/她在世界上的为人（Being）。

以下面列出的句式开头，完成句子会比较容易，说出声也可以，写下来也可以。

1. 你是一个……的人。（例如我自己对我爱的人说）："你是一个有勇气，而且有远见的人。"

2. 而且这很重要，因为……（继续对爱的人说）："这很重要，因为看到你为身边的人创造的价值，这太棒了……"（或者，你可以这么说："你这样的人，价值就在于……"）

3. 你是如何发展这些能力的……（继续对爱的人说）："我很兴奋能看到你发展了现在所展示的所有灵活的能力。"

4. 你正要去做的行动……（继续对爱的人说）："而且你现在要去做的行动真的会带来不同！我看到你正在从容地走着，带着坚定的承诺一步一步向前。"

5. 何时何地行动……（继续对爱的人说）："在你继续快乐地向前行动的时候，我也非常感谢有这个机会来见证结果的展现。非常开心！"

下面总结了一些有效练习的步骤。

- 想象在你想要嘉许的人前面，有一个透明的逻辑层次图形；
- 注意到这个人的为人处世中，英勇的、杰出的是什么；
- 像前面展示的一样，用**谁**，**为什么**，**如何**，**什么**，**何地**和**何时**的内容来开头，让你自己的丰富创意流动起来。
- 从逻辑层次的顶端开始，完成所有句子，聚焦在这个人身上最出色的品质，简短地表达出来。让你的深层觉知系统来有力地完成每个层次上的句子。
- 在说的同时，真正感觉到你对这个人的尊重、敬意和喜爱，让这尊重通过你的声音和语调的细微之处传达出来。根本而言，要从心里说出来，用诚挚的声音来承载信息，你就会感觉到自然而从容；
- 开始嘉许时，从逻辑层次三角形顶端的身份层次开始，快速而简单地挑选完成的语句，至少向下去到行动的层面；
- 在说的同时，完全去享受这个人。

作为教练，你个人的贡献就是帮助他人唤醒他们自己内心的天才，帮助人们坚定地对自己的生命和自身的发展做出承诺。当你在教练约谈的最后用逻辑层次来嘉许客户时，这一有力的拥护和肯定，会支持并强化客户对实现目标的承诺度。这是你给客户的扬帆远乘的机会，是你让他们沿着航线加速驶向梦想的祝福。

第十二章
自我检视的沟通者

生活中的一切都是教育,每个人都是老师,也是永远的学生。

——亚伯拉罕·马斯洛

🐦 在教练他人时,最重要的是保持清晰干净的教练位置,不要把自己的世界模式投射出去,即使你以此为生也不行。如果你不能够自我觉察,自我管理,可能会无意识地处在第一层次的聆听中,用个人的观点去听,把自己的偏好和评判加诸你正在连接的人身上。

超越怀疑，走向光明

20世纪50年代早期，在纽约的一场内科医生会议上，米尔顿·埃里克森计划做一个标准的催眠演示，主要展示催眠对医生的用处。会议在医院举行，主办方让米尔顿在医院里找一名有意愿的护士来做催眠演示的对象。米尔顿找遍了大厅，遇到了名叫劳拉的年轻护士。简短的交谈之后，劳拉同意去做演示。

演示时间定在下午。午餐时，米尔顿告诉组织者他的催眠演示对象是一位名叫劳拉的年轻护士。"你可不能用她呀！"他们都惊叫起来，"她的朋友们告诉我们她有自杀倾向。她正计划着两天内辞职，结束自己的生命呢。她的朋友们很担心，我们也很担心她。如果你让她做演示对象，有可能让事情变得更糟糕。"米尔顿想了一会儿，回答说："我觉得正好相反。她现在对这件事感到很兴奋，如果我不让她做演示，她更可能做出负面反应。"

下午课程开始时，劳拉果然很愿意做演示。米尔顿很快就演示了他计划要展示的催眠特性。还剩下些时间，米尔顿问劳拉她在纽约最喜欢去的一些地方是什么，她回答说："植物园、动物园和科尼岛。"

"那么我们来游览一下。"米尔顿说。

他邀请劳拉细致地做视觉化的想象，在头脑中沿着植物园里她最喜欢的小路游览。她愉快地描述了一条路边长满了五颜六色大丽花和紫色勿忘我的小路，接着，她描述了这个美丽花园中的许多区域，惊叹来自全世界的树木，还有微型的盆栽。

然后，米尔顿带劳拉去了动物园，她在那里享受着，看到来自不同大洲的各种各样的动物，一些动物特别奇怪。她提到动物的幼崽，米尔顿就让她慢慢走，去看猴妈妈和小猴在一起，再去看犀牛宝宝，它们害羞地从保护着自己的妈妈的腿后面向外瞄。

最后，米尔顿带着劳拉去港口游览。在那里，通过她的视觉想象，劳拉经过所有那些货轮，有的正在进入船坞，还有的正在卸货。最后，劳拉走到了科尼岛，在那儿，她看到许多家庭正在野餐，孩子们在海滩上堆着沙堡，年轻的恋人们在水边漫步。

演示结束时，米尔顿感谢了劳拉，告别离开。一周后，他在亚利桑那州的家里接到一个电话。会议的组织者在电话中说："劳拉不见了！"人们去过她家找，公寓已经完全空了。劳拉是个孤儿，没有家人，她也没有留下任何关于行踪的线索。他们认为她已经死了。"你可能杀了她！"组织者又说。

"哦，我确定她会出现的。"米尔顿说。

1个月过去了，依然没有劳拉的踪影。

1年过去了，依然没有劳拉的踪影。在医学大会上，人们对米尔顿避之唯恐不及。

3年后，依然没有劳拉的踪影。米尔顿仍然声名狼藉。

6年过去了，仍然没有劳拉的踪影。现在这个话题完全过去了，人们已经忘记了她。但米尔顿没有。

12年后，米尔顿在家接到一个电话，一个女人的声音在电话的另一端说："你可能已经不记得我了，我叫劳拉，12年前，在纽约的一个医学会议上，我做过你的演示对象。"

"哦，我记得很清楚，劳拉，"米尔顿说，"你一直在哪儿啊？"

"我刚从澳大利亚回来，在那我有个家，和丈夫还有三个孩子一起生活。"她说道，"您给我做了演示后，我非常感动，特别开心，于是我就去沿着港口散步。一条货船第二天要开往澳大利亚，我和年轻的船长谈起话来，得知他们船上特别需要一名护士。我当时正要离职，受到那个瞬间的鼓舞，我决定跟他们走。于是我拿了护照，还有需要的东西就离开了。在船上我遇见了未来的丈夫，我们在澳大利亚开始了新生活。我这次来待不长，跟一位老朋友聊过后，她告诉我应该给您打电话。"

"我就知道你没事，"米尔顿说，"事情能很好地完结，这多好啊！"

如果米尔顿的经历发生在你身上会怎么样？许多人会想象到最坏的画面。他们会被自我责怪、担忧和对批评的恐惧搞得心烦意乱。这个故事导向一个重要话题——自我怀疑还是自信，这个关键的角色每个人都会演出。

在劳拉的事情上，面对人们的质疑，米尔顿总是宣称他确定劳拉没事。自信、信任和深层的觉知引领着他的回答。他似乎从来没有怀疑过劳拉是 OK 的。

如果许多年之中，你都面对着来自同行和导师的批评、愤怒和基于恐惧的想法，你会如何回应呢？你还能保持内心的笃定、清晰，并且相信正在发生的是最好的事情吗？对米尔顿来说，12 年没有劳拉的踪影，他依然保持着平静的确定感，仍然相信她好好地待在世界的某个地方。

自信的实质：与自己的愿景和使命保持一致

成为一名有转化力量的沟通者，意味着要身心合一，与教练流程和本书中讲过的教练工具保持一致。在教练他人时，最重要的是保持清晰干净的教练位置，不要把自己的世界模式投射出去，即使你以此为生也不行。如果你不能够自我觉察，自我管理，可能会无意识地处在第一层次的聆听中，用个人的观点去听，把自己的偏好和评判加诸你正在连接的人身上。你甚至都不会注意到自己正在这样做。

对转化式的沟通者来说，必须承认的是：你在自己面前是什么人，在别人面前就是什么人。知道了这一点，在别人身上使用工具和流程时，重要的是保持言行一致。展现这种言行一致的方式包括成为榜样，"说到做到"。

发展本书中讲述的这些技巧，最简单的方式就是去学会在你自己的生活中展现出转化式沟通的力量。你可以通过自省的方式进行，通过日常的冥想和视觉想象练习来进行；或者请人来对你进行教练，这样，就可以持续在生活中使用和发展教练的工具和方法。

　　有力的成果导向教练拥有一致的生命意图，有基于价值观的愿景，拥有运转着的使命，这一切都反映出他们的为人和奉献。问自己如下问题，并给自己打分。

- 我有多自我觉察？我对自己想要什么现在变得有多清晰？
- 我在多大程度上在使用有效的自我评估和自我欣赏？
- 我有多敞开去接受并整合他人反馈中最好的部分？
- 在多大程度上，我在重新构架自己生活中发生的事件，让自己能学习、成长和进步？
- 我如何开始视觉化，想象出自己真正想要吸引到生命中的东西？
- 我如何开始扩展自己的觉察，觉察生命的意图正在实现？
- 我如何开始觉察自己收获多少祝福，并且开始感受到这种感恩？

　　花时间去提升你自己内在的一致性和自我的清晰感。当你开放地走进内在，回答这些问题时，自我怀疑就消融了。

- 在我的生命中，是什么正在试图显现？
- 我独一无二的生命意图是什么？
- 根植于我最深的价值观之中的愿景是什么？
- 能够反映出我的为人和贡献的使命是什么？

　　想一想你独一无二的贡献，在此基础上的愿景、价值观和使命，确定了你看世界的方式，会使你大大超越内心的小鬼，或者说恐惧。当你带着清晰的意愿去自我检视，下决心有意识地选择去过自己的生活时，下一步就要专注于愿景实现的条件。以下是要问自己的问题。

- 要实现这个愿景，我要成为什么样的人？
- 我的成长点、我成长进步的机会在哪里？
- 我需要关注哪些领域？
- 我可以放下什么？我会进入什么领域？

在回答这些问题时，你会清晰地知道与当下时刻相关的天命。这就是自我教练的本质所在。一旦清晰了自己要成为的人，清晰了你的天命所在，接下来就是要全心全意地对内在工作说"是"！当你真正地肩负起自主的天命，知道自己内在的方向和工作，就可以放松下来，走进自己想要在生命进程中实现的愿景之中。

关键之处就是全心全意去做所有需要做的事情。通过自我检视，自我负责，你遵从的是甘地的伟大教诲："完成你想要在世界上看到的改变。"

人的复杂性，以及动力的产生

> 勤问，必有所得；付出，收获必超越所求。
>
> ——迈克尔·贝克威思，《心的启示》

复杂的、动态的、宏大的人类游戏，是要彼此一起玩，相互比赛，目的在于拿出各自具有创意的想法。基于教练理念的转化式沟通，在个人和群体的层面上，都支持这种动力的产生。

就像本书通篇所述，教练对话尊重每个人独特的表达，不带评判地完全接纳每个人的愿景、价值观和使命，这些构成了一个人的人生意图。当教练和客户能够同在这个完整的空间时，就会建立起深层的亲和关系、信任和亲密感。大多数人很少有机会以这样充满敬意、尊重而赋能的方式被他人聆听。这样一个无条件欣赏的空间，使创造奇迹的能量得以产生。

被唤醒的觉察，自我认知和聆听

我们每个人都有一套独特的处理方法和过滤系统，来判断周围的世界，赋予其意义。这些评估、感觉、偏好、观点、建议和其他内在的策略，指导着我们做决定。如果对自己独特的思维方式没有觉察，不去留意思维方式如何影响他人的意愿和行为，就有可能给他人带来负面影响。

常见的说法"我不明白你这话是从何而来"，是一个你在第一层次聆听的迹象，带入了个人的观点，没有尊重他人的世界观。如果你花时间做了自己内在的功课，也许是使用本书中的一些教练流程，也许是找个教练，那么这样的误会就会很少发生了。你就能够牢固地立足于身心合一的状态，通过教练位置的力量，尊重他人。

带着被唤醒的觉察和自我认知，我们就能够干净、清晰地保持一个空间，在人们所处的确切位置上与他们相遇，并且有力地支持他们想要的改变，而不是我们想让他们做的改变，或是我们认为对他们最好的方式。人们独特的世界观塑造了他们的观点，当你认可并尊重他人的观点时，人们就会感觉到被你听到、尊重和理解。

超越偏好：允许的好处

每个人的世界地图都是独一无二的，就像指纹一样。没有两个人是相像的，也没有两个人会以同样的方式去理解同一个句子……因此，在和人们打交道时，不要试图让他们符合你的概念，认为他们应该什么样。

——米尔顿·埃里克森

尊重差异，允许人们有自己独特的解决方案，其好处在于人们会负起责任，变得可靠，在更深的层面上学习，并且展示出更多力量，从而达成自己的目标。此外，他们内在的发现和选择的路径，会比任何其他人给的解决方案都更有效地匹配他们独特的渴望。

这样做的目的，是要允许人们有机会找到属于自己的答案。我们将个人的偏好留在对话之外，就是在支持客户发展完全属于他们自己的策略、方法和胜利果实。这是真正的赋能。

长期的技能提升

通过运用教练的方法，高效能的转化式沟通者将以下的属性带入到对话之中：

- 专注的、舒服的、关怀的
- 一种放松的中立状态，推崇、尊敬并且接受客户本来的样子
- 尊重人们的世界模式，知道每个人内在都拥有成功所需的所有资源
- 对客户成就的支持和持续的拥护，扩展客户的最佳努力
- 决心建立清晰的约定，遵守承诺
- 带着真正的好奇，提问成果导向的问题
- 持续聚焦的，上下文的全方位聆听
- 对沉默感到舒适，让客户能够走得更深
- 在向着成果前进的同时保持灵活性，相信直觉
- 承诺要保持对客户议程的尊重

在你使用本书中的技巧时，在你花时间去沉思和探索自己是否理解他人对语言的运用、身体空间和不同观点的同时，与你连接的这个人的天才程度就会

提高。通过对话，对方会开始使用高水平的成果导向思维方式，练习这种选择。他们会组织起内在的愿景展望策略，澄清自己的价值观，成为愿景实现的条件，立足于自己的承诺。

在双方都学会了转化式对话并体会到力量和亲密感后，亲和关系和信任程度就会加深。随之而来的，就是你们都会在总体上提升自己信任人际关系的能力。

这么想，即使你已经做教练，或者被教练了许多年，一段转化式的对话总是能够更深入地唤醒你内在的天分。人际关系和转化式的对话是一条双向的道路，你给予的越多，得到的就越多。

与愿景协调一致：叠加式语言的使用

人们的感知空间是属于他们自己的，而转化式的沟通者学到了要深深地尊重这个空间。认识到这个感知空间是人们体验的重要部分，会给转化式对话增加更深入的维度。例如，在面对面教练而非电话教练中，与客户并排坐着而不是面对客户坐着，会让客户得以直接把他们面前的空间当作"画板"，画下自己的愿景。坐在客户旁边，你就给了客户更大的空间，让他们看到眼前放映的最好的未来。客户可以导演他们自己的内心影片，得到最完美的成果。

与此同时，层级就不在了，你会激起一种团结的感觉，以及包容性，是"我们"一起朝着客户想要的成果前进的感觉。面前的空间，就是画板，是空白的画布，或是电影屏幕，而我们就是并排坐着的同盟者，一起斟酌着创造。

用电话的方式，通过在合适的时候将人们的注意力轻轻转移到他们的愿景上，我们仍然可以支持客户聚焦于他们内在的画板上。用简单的叠加式语言，我们就可以优雅地做到。叠加的意思就是将客户先前说过的词语或感受转移到视觉图片上。我们就简单地将两者用问题链接起来。举例说明：

- 约翰，在你**思考**这些选项的时候，你**看到**自己在做哪些具体的行动？

- 玛丽，当你去留意自己对这次行动的**感觉**时，你**看到**自己有哪些很好的行动，让你尽快地、舒服地达成了自己想要的成果？
- 麦克，我很欣赏你在软件展示上的观点。在你留意自己**所说的**，还有**所听到的**其他人的分享时，你**预想**的最好的过渡方式是怎么样的？
- 山姆，如果你要拉近来看一些详细的画面，那么你留意到哪些关键的细节是你想要确保它们发生的？在你想着这些行动的时候，花点时间走进去一下。当你去留意的时候，你感受到自己想要在这个情境中去感受的那种做法了吗？

对于人们想要拥有的体验，叠加的方法让人们得以创建丰富的表征信息。在那些需要丰富的行动地图的领域，它让人们有效地进行视觉化。让人们拍出带着声音的小电影，而我们也可以想象踏入电影中去感受那些成果，在电影中找到精心计划的、基于感知信息的观点，让我们带着确定感和积极的期待前进。

一图胜千言

使用绘画或者其视觉化工具，也可以激励人们朝着愿景画面前进，获得视觉化的力量。大脑负责计划功能，它的处理能力比情绪脑强大几千倍。实际上，这本书中的许多流程，其设计就是用来激发视觉化流动的。

画面和想象的运用，会激发人们的深层觉知系统，把信息带到意识中来。教练方法帮助人们获得更多富有洞见的方法，去连接他们的深层觉知。我们给人们自然的连接点，连接到或许在其他情况下无法获得的内在觉察。

当你问问题并创造出视觉化的图像，能激发多种观点，或者不同的感知位置的时候，你就能够去探索不同的选项了——或者，从某种意义上来说，你就可以试戴不同的帽子了。改变感知位置，在想象中通过另一个人的眼睛去看，或是从总览全局的位置去看,都可以极大地支持人们去评估关键的选项,测试不同的观点。

就像爬山,每爬到新的高度,风景就变了,卓越的问题会邀请你以新的方式看世界。每个向上的步伐,都让你觉察到在山的其他地方看不到的道路。当你现在看到这些更强的可能,就会看到更多的方法,让你超越旧有的挑战和小鬼。爬上每个层级,你就会提高对自己技能的掌控。通过转化式的教练,你会学习到、体验到整体的改变。

整合内在处理过程的科学

毛毛虫走到生命的尽头,就化为蝴蝶。

——理查德·巴赫,《幻象》

在你继续提升自己,训练自己成为一个转化式沟通者的时候,你会在更深理解人类神经科学的基础上,在有效的内在处理过程的科学基础上,持续建立灵活的技能。有了这些技能,你就能够帮助人们发展创造性的视觉、听觉、感觉的流动状态,有力支持人们的深层觉知、突破和真正的转化。

交响乐团的指挥,引导着不同的乐器组,共同演奏出很好的音乐。教练与此类似,你要引导人们去整合,将他们关于某个特定成果的分离画面、感受和声音整合成令人满意的、一致的整体。当人们感受到随画面而来的鼓舞时,他们就会变成指挥,把内在的音乐编排到一起,组成一系列流畅的行动,整体运作——他们的整个生活。

随着你自然而然地建立亲和关系,流畅地使用开放式的问题,以及其他成果导向的工具如叠加式语言;随着你可以很容易地在教练位置上聆听,有效地使用成果框架,并且展开有力的教练框架的步骤,你就会把许多不可思议的成果编排到一起。你投入其中,将客户初始焦点的架构和强有力的教练框架编排到一起。与客户一起开工，帮助客户去展望愿景，去探索，深入思考。这个内在的工作会引导、带领、指挥客户去做那些会创造出外在现实的事情。通过这种方式，人们会完全达成目标，肩负起自己的宏大创造的责任。

转化式教练，是建立在神圣服务基础上的、充满活力的、灵性的情谊。当你选择在这个服务的层次上生活，你的问题就会成为无痕迹的隐形的支持，就像是一个茧，人们在其中逐渐增强转化的力量，立足于现实，然后你就看到他们展开美丽的翅膀，破茧飞翔。

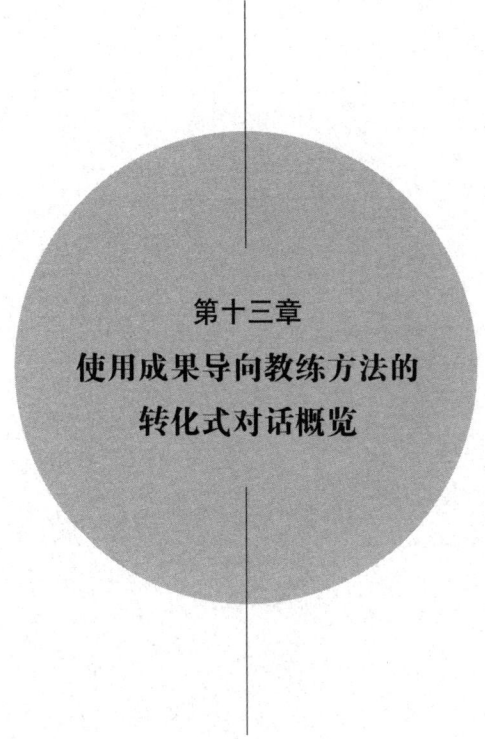

第十三章
使用成果导向教练方法的
转化式对话概览

本章对有效而完整的转化式教练约谈做了基本的总结，后面加上了教练对话案例的文字记录。

完成以下教练步骤预计需要 20–45 分钟。

教练约谈工具卡

建立亲和的元素

- 与对方连接,创造温暖的氛围
- 匹配语调、音高、语速和音量
- 使用语言柔顺剂和回放

合约(约谈主题/焦点)

- 在这 30(45 或 60)分钟里你想达成的是什么?怎样才是最好地利用了你的时间?
- 客户述说自己的挑战。聚焦在目标、价值观、承诺和激情上。
- 如果需要,把客户的状态由抱怨或访问转换到客户状态。
- 使用动力词汇,根据需要换框。

教练探索成果框架，计划性步骤和问题

- 你想要什么？为什么它对你很重要？
- 你怎么得到它？你的应急预案是什么？
- 你怎样长期承诺于此？你怎么真正确保让它发生？你如何更进一步？你需要下什么决心？
- 你怎么知道自己已经达成了目标？

教练在第二和第三层次聆听客户的成果框架回答

- 积极正向？
- 在这个人控制范围内？
- SMART目标（具体，可衡量，可实现，现实/相关，有时间期限）？
- 应急预案？

实际工作，以及设计有效的行动

- 思考今天所谈的，以及你的长期和短期目标，你这一周愿意承诺去做的是什么？
- 你这一周要做什么来实现目标？

  注意：到我们谈话结束只有 5 分钟了（5 分钟提醒）。

让客户总结约谈对他们最大的价值

- 这次教练给你带来的价值是什么？你收获了什么？

教练用认可和对客户真心的感激来结束对话

我们邀请你不时使用这些步骤，作为通用的教练对话检查清单。

以下是两段成果导向教练约谈的记录，展示了实际的约谈要素。有用的是去注意这些依次出现的约谈要素。

教练约谈示例一

与露西的 15 分钟教练约谈

教练：怎么样才能最好地利用接下来的 15 分钟呢？

教练：今天我们有 15 分钟，你最想在哪个关键的部分拿到成果，而且是这 15 分钟里面能做到的？

教练：那么，现在对你来说，自律是关键的领域，支持你拥有更健康的生活方式？

教练：露西，我很好奇，你怎么就知道自己做到自律了呢？

[注意，在这里教练不知道露西说的自律是什么意思，她也不想对此做出假设。于是教练开始温和地去探索这个词对客户的意义。她也注意到，露西在说自律这个词的时候做了个鬼脸。因而，教练也是在检测这是不是积极正向的，客户要趋向的一个成果，而不是一种避开的能量。]

教练：因为你刚刚说自己现在在做这些，那在这次约谈中，实现什么会让你得到自己想要的？

教练：如果 10 分是真正持久的动力和自律，1 分是松散的、强迫式

客户：我想先专注在计划一个更健康的生活上。

客户：首先是我的自律，这一点我需要加强。

客户：是的！自律是关键！

客户：如果我做到了自律，我会每天吃 5 次健康餐，每餐都少量而健康，每周锻炼 2 次，游泳 1 次。虽然我现在也在这么做，大部分都做了，但我必须逼着自己去做。我不喜欢每天做 5 顿健康餐。

客户：找到规律地这样做的动力。我想真正养成习惯，激励自己，而不是强迫自己。

客户：大约 5 分。

的自律，从 1 分到 10 分，你现在给自己打几分？

教练：那在我们教练结束的时候，你想得到几分呢？

教练：好的，你怎样提升分数呢？

教练：我能不能问问，现在你所做的事情里，哪些带给你最大的动力？

教练：好的。你享受锻炼的过程！我听到你声音变了。露西，你现在的动力打几分啦？

教练：那么你是很有动力去锻炼的？

教练：假设你能在这一点上帮助自己。有些人会找方法不用出门就能锻炼。有些人会找朋友一起去，有些人会找到自己最享受的锻炼方式，有些人会千方百计让锻炼过程变得有意思，还有些人会把出门锻炼放到一周的重要日程里。你有哪些方法可以增强自己的动力和自律呢？

[这时客户表现出强烈的身体反应。她

客户：至少 7 分。

客户：就是这个问题！我想要更多的动力。

客户：锻炼。

客户：动力分数提高了，锻炼感觉很好。

客户：是的，只要到那地方就行，但是要带着所有东西出门不容易。难的是去到那儿，这就是我的难点。

客户：嗯，我已经做许多了。我找了一家健身房，找了一名年轻英俊的教练，而且每次锻炼之后都做一个舒服的按摩。除了时间之外，其他的都挺有效。[她的语调变得兴奋起来。]哦，我有个新想法，最好把锻炼时间放到早上，这样我就没时间找借口了。我以前怎么没想到呢？这是个好办法。我快找到方法了！

面色泛红，非常有活力，说话变快，甚至笑了起来。这个问题是用平板的、未加思索的方式说出来的，我们称之为中国菜单式问题，因为其中列示了几个不同的选择。在说出这些选择时，没有情感和声调，教练就是问客户更多的选择。]

教练：那你在决定一个与现在做法不同的关键行动。早上锻炼会提高你的动力吗？

客户：是的，这个调整能增加我的动力。

教练：OK，我们继续。还有什么？

客户：我需要每天晚上重新打包，这样就不需要在出门之前打包了。嗯，我觉得这样就行了。我要保证晚上把所有东西放到包里。我今天晚上睡觉前就列个清单。

教练：我们的时间差不多了。再简单地说说你这星期的新计划？

客户：很简单，一切都会有所不同。我会每天晚上把包装好，放在门边。我会定闹钟，然后起床出发。刚开始我会一周做两三次，做得更好了再增加。

教练：那你打算什么时候开始？

客户：这个星期！这么简单的方法，我很高兴自己想到了，因为这确实会管用。我会去做的！

教练：那么，在自律方面，你现在可以打几分？[教练把纸上客户打了5分的度量尺拿出来。客户拿出笔，手挥动着画到8分。]

教练：哇，你已经超过最初的目标了！我们马上要结束了，这次教练对你的价值是什么？

教练：我很开心看到你对锻炼的享受。你真的是对自己的健康有承诺，而且正在努力养成新习惯。很高兴看到你把热情转化成能力。

客户：这太容易了。我喜欢容易！谈论这件事让我发现我比自认为的做得还要好。这段教练让我看到了解决方案。每次教练都让我更进一步，越来越往前。我的计划不错，会让我满意。我能清晰地看到要做什么，而且这也帮我看到下一周的行动步骤。

教练约谈示例二

与艾玛的 25 分钟约谈

教练：我们都有时间和空间来展开很棒的对话。那么，艾玛，如果接下来的 25 分钟真的支持到你，为你的生活创造出最大最好的成果，你想要什么样的成果呢？

教练：可以的。我很好奇，你介不介意我这么问：假如你要问自己一个问题，而这个问题一旦你提出来，得到回答，就会真正地转变你的生活领域，那么你想要得到回答的那个问题该怎么提呢？

教练：那么我要再交回给你了。我要邀请你在从 1 到 10 的度量尺上打分，1 分是"这只是初级版的问题"。10 分是"你知道如果这个问题得到解答，真的会改变你的生活"。那么你现在的问题"真正阻挡我的是什么？"可以打几分？

客户：对我来说，帮我去尝试，找找方法让我在生活中有更多的流动和优雅。生活中确实有些时期，一切都是平衡的，但是没有我希望的那么多。我怎么能有这种平衡状态，或者说我能做什么，才能让这种状态更多地出现，我真的想要生活中有更多的平衡。这样可以理解吗？

客户：这个问题就是，什么阻挡了我？因为我知道就是自己在阻挡自己。跟其他人没关系，跟我怎么生活有关系。

客户：[长时间的停顿] 我可能只打到 7 分。

教练： 如果我们要玩得更大，问出一个对你更有价值的问题，把这个分数稍稍提升一点，能更好地服务到你，那这个新问题怎么说呢？

教练： 那么，我要再一次邀请你进入内心，进入那个知道自己知道的部位，进入最深层的觉知。我要把这个问题念给你听，再给它从 1 到 10 打分。那这个新问题："我的生活要往哪儿走？"打几分？

教练： OK，再回到你那个知道自己知道的部位，你就是知道。如果你在自己的身上找到这个部位，那么它在你身上的哪个部位呢？

教练： 欢迎你的这个部分，就把它当作会说话的，它可以告诉你全部真相。问问自己这个部位："到底是什么问题，我得到答案之后就会真正改变我的生活，就能自然而容易地拥有平衡感？"[长时间的停顿]就去聆听这个部位会说些什么。

客户： 我想说："我的生活要往哪儿走？"但是我不知道这个问题是怎么来的，嗯。[长时间的停顿]

客户： [长时间的停顿]实话说这个问题只有 5 分。

客户： 嗯……我想是直觉（原文为 gut，指五脏六腑这个部位，意译为直觉）。

客户： 我想我是跟我的愿景和梦想脱节了。我太过沉浸在完成任务和……我和自己真正想要的东西脱节了……过去我会做许多社会工作，还有很多……我就像是被拉拽着，但是比以前更忙，任务更多，就像在绕圈圈还是怎么的。我想这个是要我去看看这个节点上自己想去的方向。我觉得自己现在处在过渡期。

教练： 你听到自己说的所有这些，我要邀请你的直觉来说话，站在你自己知道的部分说话，你知道这个部分是什么。现在那个能给予你最好支持的10分的问题会是什么呢？[长时间的停顿]

教练： 艾玛，你注意到什么？

客户： 我的思绪现在到处乱飞呢，所以都没在听直觉怎么说了。

教练： 随着你的思绪自然而容易地安静下来，回到你的直觉，聆听它。可能会是怎么样一个问题呢？

客户： 我感觉到它了，但是听不到那个问题。

教练： 那我们扔一些想法，让你的直觉考虑一下。这些问题怎么样："要活出我的愿景，我需要成为什么人？""我的愿景到底是什么？""我是谁，我到底想要去哪儿？""让我充满激情的生命意图是什么？"[长时间的停顿]

教练： 让你的直觉试试这些问题，现在对你来说，更好的问题会是什么呢？

客户： 我的直觉说："我怎样重新连接到自己的激情和生命的意图？"[长时间的停顿]

教练： "我怎样重新连接到自己的激情和生命意图？"

客户： 是的！就是它！你看，我知道自己走在道上，但是生活中，我有些挣扎，就是，我怎么回到道上？

教练： "我怎样重新连接到自己的生命意图，回到道上？"你给这个问题打几分？

客户： 这个好。最少打9分。

教练： 那现在这个9分的问题，有足够力量让你往前走吗？

客户： 是的，我想是的。"我怎样重新连接到自己的生命意图，回到道上？"实际上我感觉到这里的一些能量。我能感到一种活跃，一些兴奋。就是这个问题。

教练： 艾玛，你能找到另一把椅子放在旁边吗？

客户： 能。我得到另一个房间去。

教练： OK，你可以去另一个房间，也可以站着做，甚至你也可以站在一张纸上，你觉得怎么样能最好地支持到你就怎么做。不管你选了哪个，现在就去创造一个空间，能让你转换视角。

客户： 我要站着。

教练： 很好。现在你站起来，我想要你去注意到你旁边有个空间，你能踏上去。如果你现在是站着，我想让你现在就去问这个问题，当你再次想到这个问题时，就大声把它说给自己听。

客户： 我怎样回到自己的道上，继续我的旅程——继续我注定要过的生活？我怎样重新连接到自己的生命意图，回到道上？

教练： 当你听到这个问题，回到你身体的那个部位，由于某些原因，这个部位阻挡了你得到答案。[长时间的停顿]那是什么部位呢？

客户： 我的头部。

教练：当你转向你的头部，注意到它在阻挡你，问问它："在这里你积极正面的意图是什么？"

教练：就问问你的头部："假如你用了所有的方法，完全保证了你的安全，那么通过保证安全，你想要的更为重要的是什么？"

教练：所以这个部位想要的是关系？如果这个部位是在支持你完全拥有你想要的各种关系，那么通过支持你的关系，你的头部想让你拥有更为重要的是什么？

教练：现在当你和爱共振，感谢你身体的这个部位。[停顿]艾玛，你愿意跟我一起玩个游戏吗？

教练：当你站在这里，与爱共振着，我要邀请你想象自己已经睡觉了。晚上已经上床，睡得很好——就是普通的一次睡眠，你的身体完全得到了滋养，夜半时分，发生了一些特别的事情，实际上，奇迹发生了。非常神奇，而你就能够回答这个问题：我怎样重新连接到生命的意图，回到道上？

当你和爱共振的时候，很自然、

客户：它说的是"安全"。它想保证我的安全。最先出来的就是这个。

客户：我想，如果我改变了，我生活中的其他人会不高兴，要是我——依靠我的人，生活中跟我很近的人，是有关对关系的影响，还有——[长时间的停顿]

客户：它说的是"爱"。

客户：当然。

客户：好的，好的。

很容易就能回答，你知道没有什么会阻挡你，明天你醒来，你的想法和感受变得全然不同了。现在花时间深入而鲜活地思考这一切。去注意创造出这个奇迹的所有想法、信念、思维状态，这一切创造了你内在的转化。当你身体的每个细胞都感受到这个奇迹时，请让我知道。

教练： 现在，艾玛，睁开眼睛，进入旁边你创造的另一个空间中。这个空间代表的是奇迹发生后的那一天。当你走进去的时候请让我知道。

客户： 嗯，我进来啦。

教练： 现在假设这已经是奇迹发生后的一天了，你得到了问题的答案，你全然地和爱共振，你是怎么知道这一点的？

客户： 嗯，阳光普照［笑］，充满能量。我在打电话给大家，邀请跟我最亲近的人来，我要做饭给他们吃，我爱做饭，我喜欢大家都来，亲近的人聚会。而且我要跟大家分享我的梦想，分享它对我有多重要，对这一切多么重要。我要让他们来支持我。

教练： 那么，当你注意到自己现在正在做——

客户： 哦，我想哭。不好意思——

教练： 没关系，给你自己时间。［长时

客户： 这种感觉太对了。［停顿］是的，

间的停顿]

教练：那么，当你看到自己召集大家，分享你的梦想有多重要——[停顿]你注意到自己的声音是怎么样的？

教练：你注意到房间里的能量场是怎么样的？

教练：你注意到自己的优雅和流动状态是怎么样的？

教练：你是如何知道自己处在优雅和流动中的呢？

教练：那当你看到自己活得优雅而流动的时候，你做了哪些不同的事情，让你保持在这种存在状态里呢？

教练：当你看到这个彩色的自己，看到这幅全景照片[客户笑]，现在从1分到10分，你有多满意自己正在走过去的这个未来？

教练：艾玛，我们的教练对话大概还有3分钟。当你留意到自己完全拥有这些，注意到自己

客户：OK，我准备好了。

客户：哦，我的声音很有力量！我说得很快，充满激情。我在说话，我说话的声音里透出了兴奋。

客户：哦，房间里的能量很高。很高……房间在嗡嗡振动，有很多……是的，很多爱，感觉很好。

客户：我完全处在优雅和流动之中……

客户：我感觉不到任何压力或紧张，很平静。通常来说，当我不在生命的流动状态中，缺乏优雅的时候，就会压力很大，变得暴躁。会头疼。

客户：我更多地去分享我是谁。我让人们参与到我的梦想中。

客户：实实在在的10分。

客户：嗯，我看到自己走的每一步，看到能量的增长，并且颜色变得更鲜艳，我还看到每个人都

很容易保持今天这样的生活状态——一个月、两个月、一年、两年、五年,一直到时间的尽头,你是如何保持在这种优雅、流动和爱中,活出自己的梦想,并且与其他人分享的?

教练: 当你注意到这种共振持续下去,延伸到你将来的日子里,再次去留意无论什么事情发生,你都是如何自然而容易地保持自己的这种状态的。当你想到现在可以做的三件事情来保持这种状态,你会做哪三件事情?

教练: 艾玛,你对自己有多大的信心,做到这些行动?

教练: 现在这个奇迹已经发生了,你如何处理可能发生的任何阻抗?

教练: 你对自己这么做的自信心有多强?

教练: 当你再度感受这份愿景,和这种10分的满意程度时,你如何再提高一点自信呢?

教练: 那,有什么事会阻挡你这样做吗?

赢了,不是人们代表我花时间在建造这个梦想,而是每个人都是其中的一部分,都受益。

客户: 首先,我明天要和丈夫去露营,告诉他。我是说,以前我跟他说过,但是我并没有真正地用这种方式跟他分享我的梦想。其次,我会把这个愿景加入到早晨的冥想中,在我出门之前做。我想把它再次活出来,做个计划把所有这些我想分享的人邀到一起。

客户: 哦,老实说——[长时间的停顿] 我很擅长让自己不去做事情。

客户: 进入爱和分享的感受中,不断分享我的梦想。

客户: 大概在7分——不,可能是8分,但我真的很想至少到9分。

客户: 寻求支持。让我丈夫来支持我。第一步就是露营的时候跟他分享我的真心。

客户: 没有!他值得知道我的梦想,我也值得去分享它。到时候了。

教练：好，说到时间的话——这次教练对话中你为自己创造了哪些价值？

教练：如果我要嘉许你在这里所做到的，我要怎么说呢？

教练：艾玛，你确确实实走出了自己的舒适区域，而这是值得的。谢谢你！很高兴我们今天有机会一起工作。

客户：嗯，我现在真的感到很放松，很积极正向。我意识到，不能一直这么应付事情了，那不是答案，我要看到自己更大的现实。而你让我真正看到了这些。我对自己要成为的那个样子感到非常兴奋。太好了。谢谢你！

客户：你可以说："你走出了自己的舒适区，而这是值得的。"

客户：谢谢你。太棒了。

写在文后的话

继续探索教练的艺术与科学

《唤醒沉睡的天才——教练的内在动力》是三本书组成的系列丛书的第一本，探讨转化式对话（Transformational Conversation，又译作变革式对话），将读者与自己激励系统的内在动力连接起来。该书的章节展示了有效探索意愿和专注力的视角和练习的力量。包含了探索大脑—思维系统的强大练习，能让我们与自己的超意识思维连接起来。它还包含了一系列精准的步骤，能协助你和你的客户发现深层认知本质的明确区别。

本系列的第二本《被赋能的高效对话——教练对话流程实操》介绍实现转化式对话的步骤。本书将系统地带领你学习强大教练对话的实践和理论。通过实例和练习，你将学会如何进行流动性的对话，从而带给人激励和力量。每章都提供了示例和方法，将帮助你培养内在的语言结构，以及引导目标激活的行动结构。本书将介绍内在流动思维（inner flow thinking）和谈话的具体步骤、流程、问题、基调（tone）和触发点（trigger）。

本系列的第三本《流动》（暂定名）（Flow）中文简体版即将面世，他将介绍转化式对话的流程。本书将帮助读者通过体验来理解七种教练的流动状态：快乐、观察、真正价值、逻辑进展（logical progression）、创造力、深层认知（deep realization）和感谢。本书勾勒出了教练工具和程序的力量，它们将帮助人们建立新的意义、评估核心价值、明确选择、发展愿景和未来。